# 知識ゼロからの
*An Introduction of Tasting Wine for Beginners*
# ワイン入門

弘兼憲史
*Kenshi Hirokane*

幻冬舎

知識ゼロからのワイン入門／目次

## 第1章 あなたの常識は大丈夫？——赤ワインは少し冷やしたほうがいい……6

## 第3章 タイプはいろいろ——シャンパン、シェリーもみんなワイン……96

## 第4章 ワインはやっぱりボルドー、ブルゴーニュから……116

## 第5章 世界各地のワインを飲んでみよう

# 第1章
# あなたの常識は大丈夫？
# ――赤ワインは少し冷やしたほうがいい

和食とワインはすでに常識？　おすすめの組み合わせは key word 19 で。

# ワイン選びから、味わい尽くすまで。楽しむためには知識も必要だ。

知識と経験、
そしてマナーが備わってこそ、
一流のワインを楽しむ
ことができる。

※ワインをよりおいしく味わえる適温とは？　key word 9 をチェック！

key word 1　ラベル

# ワインの履歴がすべて記載されている

店頭でワインを選ぶときも、料理店で注文したワインを飲むときも、まずチェックしたいのがラベルだ。ワインのラベルのことを、エチケットという。エチケットとはもともと、公の席ですわる序列などの情報を記した紙のことで、ここから礼儀作法としての意味も派生したという。

ワインのラベルにも、ワインの名前（銘柄）だけでなく、一定のルールにしたがってさまざまな情報が盛り込まれている。どこで、いつ、どんな葡《ぶ》萄《どう》を使い、だれが造ったか、どのような格付け（ランク）なのかなどが記載されたラベルは、いわばそのワインの身上書なのだ。

だからラベルさえ読めれば、どんなワインかわかるはずなのだが、何しろフランス語やドイツ語、イタリア語など、生産国の言語で記載されているので、語学力がないと解読はなかなかむずかしい。

全部理解するのは無理としても、ポイントさえわかっていれば、ワイン選びに役立つ。国によって記載内容が異なり、各ワインごとにデザインもいろいろだが、左頁にフランスワインの一例をあげておく（ただし、これはぼくが創作したワイン。店頭で探しても見つからない）。

飲んだあと
はがして
取っておくと
いいよ

### ラベルのデザインでワインを記憶する

ワインに詳しくない人は、ラベルのデザインで選ぶ人がけっこう多い。だからデザインの良し悪しも、そのワインの売り上げに大きく影響するという。

ぼくも、ワインのラベルにはおおいに注目している。どのワインがどのような味わいだったか、ラベルのデザインと結びつけて覚えているのだ。香りや味わいを記憶にとどめるのはむずかしいが、ぼくは漫画家という職業柄、ビジュアルなものには強い。もっとも、シャトーの絵などが入っていればともかく、文字だけのラベルだと、ちょっと自信がなくなるのだが……。

## 大きな文字からチェックしていく

●産地名
ニュイ・サン・ジョルジュは、フランス、ブルゴーニュ地方、コート・ド・ニュイ地区の村名。

●銘柄
造り手がつけたワインの名前。ブルゴーニュワインの場合は、畑の名前が使われることも多い。

●1級畑の表示
1級品と認められた畑からとれたワインであることを示す。

●アルコール度表示

●造り手の名前
ドメーヌ・バロー・デュボアによって造られたワインであることがわかる。

●ヴィンテージ
原料の葡萄が収穫された年を示す。

●容量

●AOC表示
フランスの最上級ワインにはこの表示がある。APPELLATION と CONTROLÉE の間に産地名を入れて表示することもあれば、このように産地名は別に表記する場合もある。

# セールス・ポイントは名前に現れる

ある商品を特定する〝名前〟は、メーカーのつけたブランド名であるのが一般的だ。ワインも商品だから、「シャブリ」「ドン・ペリニヨン」「ボージョレ」「ロマネ・サンヴィヴァン」といった名前はすべてブランド名かと思うと、じつはそうともかぎらない。

ワインの名前（銘柄）には、だいたい五つのパターンがある。「産地名」「葡萄の品種名」「醸造元の名前（シャトー名、メーカー名）」「ブランド名」「愛称」がそれだ。

とくに多いのは産地名を名前にしているタイプ。シャブリもボージョレもロマネ・サンヴィヴァンも、産地名、正確には原料の葡萄が栽培された地域、畑の名前なのだ。フランス・ボルドー地方に多い「シャトー○○」という名前のワインは、醸造元の名を銘柄にしたタイプである。

どの名前がどのタイプなのか、初めはさっぱりわからなくても、産地名や品種名は、ちょっとワインをかじれば見分けられるようになる。いずれにせよ名前には、そのワインを特徴づけるポイントが端的に現れている。名前の意味を考えながらつきあっていくといい。

名前はたいてい目立つ文字で書いてあるよ

### 同じ名前が同じワインとはかぎらない

「この間飲んだワインをもう一度飲みたい」という場合、ワイン名の記憶だけで同じワインを探すのはむずかしい。

たとえば、産地名タイプのワインは、同じ名前のワインをだしている造り手が複数である場合が多い。造り手が違えば、できるワインも違ってくる。品種名タイプも同じだ。〝カベルネ・ソーヴィニヨン〟というワインは、カルフォルニアにも南アフリカにも、世界中至るところにある。

名前やヴィンテージだけでなく、産地や造り手などもラベルでしっかりとチェックしておこう。

## 名前のつけ方は5パターン

### 産地名タイプ

ヨーロッパのワインは、生産地域や畑を名前にしていることが、もっとも多い。とくに、小さな葡萄園で家族的にワイン造りが行われているフランス・ブルゴーニュ地方のものに、このパターンがよく見られる。

シャブリ
ボージョレ
　ともに、フランス・ブルゴーニュ地方の地区名
ロマネ・サンヴィヴァン
　フランス・ブルゴーニュ地方、コート・ド・ニュイ地区の畑名
キアンティ
　イタリア・トスカーナ州の地区名

### 葡萄の品種名タイプ

とくにアメリカなど、ヨーロッパ以外の国では、「○○カベルネ・ソーヴィニヨン」「○○シャルドネ」といったように、原料となっている葡萄品種を冠した名前をつけていることがよくある。

リースリング
シャルドネ
ソーヴィニヨン・ブラン
　ともに白ワインの原料になる葡萄の名前
カベルネ・ソーヴィニヨン
ピノ・ノワール
メルロ
　ともに赤ワインの原料になる葡萄の名前

### 醸造元の名前タイプ

シャトーの名前やメーカーの名前など、醸造元の名前がそのままワイン名になっているケースもよくある。

シャトー・マルゴー
　フランス・ボルドー地方のシャトー名

### ブランド名タイプ

あるメーカーが独占的に使用する名前。愛称タイプと同様、命名の由来がわかると楽しめる。

ドン・ペリニヨン
　シャンパンの代表的銘柄。シャンパンの開発者の名前にちなむ

### 愛称タイプ

イタリアやドイツなどでは、歴史上の物語やワイン製造にまつわる逸話などを、名前の由来にしたものがかなりある。命名の背景などを調べてみるのも面白い。

ラクリマ・クリスティ
　「キリストの涙」の意。イタリア・ナポリ産。
　その昔、悪行あふれるナポリの様子をみたキリストが、思わず涙をこぼしたところ、そこから葡萄の木が生え素晴らしいワインを産するようになったという逸話から生まれた名前
ショヴァルツェ・カッツ
　「黒猫」。ドイツ、モーゼル地方の「黒猫がすわった樽のワインはよい出来」という伝説がもと

# 法律で決められた厳しい基準が各国にある

おもなワイン生産国では、ワインに「格付け」というものを行っている。要はワインに、「並」や「上」といった、ランクをつけているのだ。

格付けは、一九三〇年代のフランスで、葡萄の不作が続くなどでワイン業界が低迷するさなか、有名産地をかたったワインが大量に出回ったことに端を発する。大打撃を受けたワイン業界が、にせもの排除のために法制化を進め、その法律のもとに格付けを行ってラベルに明記するようになったのだ。

現在はＥＵで、並である「日常消費用ワイン」と、上である「指定地域優良ワイン」の二つのランクに分け、これを基準として加盟各国で独自の格付けを行っている。細かな規定は各国ごとに異なるが、上級ワインほど認定の基準が厳しくなる。

たとえばフランスでは、最上級のものはＡＯＣという。ＡＯＣワインは、ラベルに「Appellation d'Origine（このなかに産地や地区名が入る）Contrôlée」という表示がされている。産地ごとの個性のはっきりした高い品質のワインといえる。

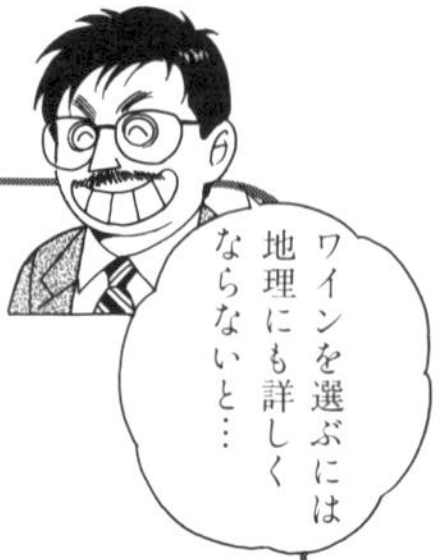
ワインを選ぶには地理にも詳しくならないと…

## 産地名が狭い範囲であるほど高級品

ラベルに記載された産地名は、思った以上に多くの情報を与えてくれる。

フランスワインの場合、「ボルドー」とか「ブルゴーニュ」というように地方名にしか書いてないものもあるが、「メドック」「サン・テミリオン」などの地区名や、さらに村の名前、ブルゴーニュの場合には、畑の名前まで細かく記載されていることもある。

一般に、産地名が狭い範囲に特定され、そのワインの氏素性がよりはっきりしているものほど、高級だといえる。

## ラベルを見ればワインのランクは一目瞭然

| 分類 / 国名 | 日常消費用ワイン | | 指定地域優良ワイン | |
|---|---|---|---|---|
| | テーブルワイン<br>産地の異なる葡萄やワインをブレンドして造られたワイン | 地酒<br>限定された産地で造られたワイン | 上級ワイン<br>特定の産地で造られるワインで、一定の基準を満たしたもの | 最上級ワイン<br>特定の産地で造られるワインで、厳しい基準を満たしたもの |
| フランス | Vins de Table<br>ヴァン・ド・ターブル | Vins de Pays<br>ヴァン・ド・ペイ | Appellation d'Origine Vin Délimités de Qualité Supérieure (AOVDQS)<br>アペラシオン・ドリジーヌ・ヴァン・デリミテ・ド・カリテ・シューペリュール | Appellation d'Origine Contrôlée (AOC)<br>アペラシオン・ドリジーヌ・コントローレ |
| ドイツ | Deutscher-Tafelwein<br>ドイッチャー・ターフェルヴァイン | Landwein<br>ラントヴァイン | Qualitätswein bestimmter Anbaugebiete (QbA)<br>クヴァリテーツヴァイン・ベシュティムター・アンバウゲビーテ | Qualitätswein mit Prädikat (QmP)<br>クヴァリテーツヴァイン・ミット・プレディカート |
| イタリア | Vino da Tavola (VdT)<br>ヴィーノ・ダ・ターヴォラ | Vino da Tavola Indicazione Geografica Tipica (VdIGT)<br>ヴィーノ・ダ・ターヴォラ・インディカツィオーネ・ジェオグラフィカ・ティピカ | Denominazione di Origine Controllata (DOC)<br>デノミナツィオーネ・ディ・オリジネ・コントロッラータ | Denominazione di Origine Controllata e Garantita (DOCG)<br>デノミナツィオーネ・ディ・オリジネ・コントロッラータ・エ・ガランティータ |
| スペイン | Vino de Mesa<br>ヴィノ・デ・メサ | Vino de la Tierra<br>ヴィノ・デ・ラ・ティエラ | Denominación de Origen (DO)<br>デノミナシオン・デ・オリヘン | Denominación de Origen Calificada (DOC)<br>デノミナシオン・デ・オリヘン・カリフィカーダ |
| ポルトガル | Vinho de Mesa<br>ヴィニョ・デ・メザ | Vinho Regional<br>ヴィニョ・レジョナル | Indicação de Proveniência Regulmentada (IPR)<br>インディカソン・デ・プロヴェニエンシア・レギュルメンターダ | Denominação de Origem Controlada (DOC)<br>デノミナサオ・デ・オリジェン・コントロラーダ |

key word 4 値段

# 高いものは味がいい……とはかぎらない

ワインの値段はひじょうにさまざまで、店先に無頓着に並んでいる安価なものもあれば、ワインセラーの特等席に鎮座している、数十万円のものまである。これほど値段がまちまちなのも、ワインの特徴の一つといえる。

値段に大きな差がでるのは、良質なものほど大量には生産できず、長期熟成によって質が向上するというワインの特性による。つまり〝希少性〟が生まれやすいのだ。ワインも経済理論にのっとり、需要と供給のバランスで値段が決まるので、希少性があればあるほど高値になる。人気がでたり、鑑定家のお墨付きがついたワインとなれば、それを求める人が多くなり、どんどん値段がつり上がっていく。びっくり仰天するほどの高値を呼ぶワインがでてくることも、ワインの魅力の一つといえる。

一般的にいえば、値段が高いワインのほうが、やはり良質といえる。しかし、十万円単位ともなると人気などの要素が入るので、かならずしも値段と味が比例するというわけではない。手ごろな値段でもうまいワインはたくさんある。〝掘り出し物〟を見つけるのも、また楽しい。

## 味と人気が値をつり上げる

**希少性**

良質のワインは、葡萄の育成も醸造もていねいに行われるので、大量生産ができない。そのため、もともと市場に出回る量が少なく、自ずと値段も高くなる。

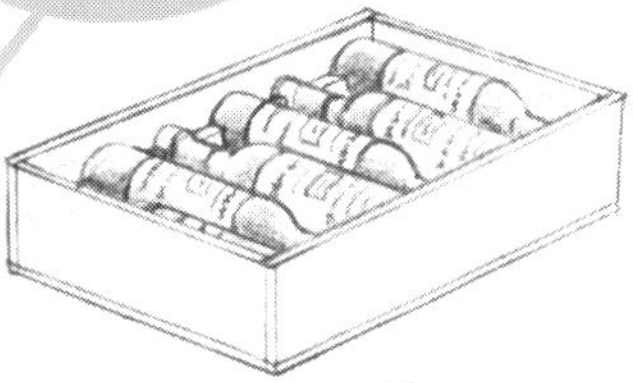

**熟成による品質の向上**

いいワインは、長期熟成すればするほど味わいが増していくので、熟成期間が長いものほど質が向上し、値段も高くなる。一方、年月がたてばその間にワインはどんどん消費されていく。時間がたつほど量も少なくなり、価値はますます高まる。

Very Good!

**有力な鑑定家による高い評価**

鑑定家が、そのワインを試飲して絶賛したり推奨すると、「飲んでみたい」という人が激増する。需要が高まり、値段は急上昇する。

**希少性さらに高まる**

多くの人たちの間で話題になり、求める人がさらに増える。その間にも量が少なくなっていく。需要と供給のバランスがさらに崩れて、超高値で取引されるようになる。

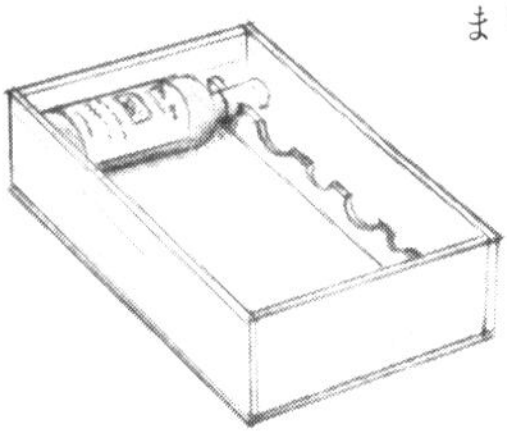

ワインコレクターのほうが圧倒的に多いもんな…

### ワインにあって日本酒にないもの

日本酒にも高価なものはけっこうあるが、高くてもせいぜい数万円というところ。ワインのように数十万円もするという日本酒は、あまり聞いたことがない。

この違いは、「よいワインは古いものほど価値がでる」という特性から生まれる。〝古さ〟がコレクターの欲望をくすぐるし、場合によっては投機の対象になりうる。

一方日本酒は、一般的にいえば、醸造したてのフレッシュさが売りものなので、ワインのような付加価値がつきにくい。そのために値段も安定しているのだ。

# まずはボルドーとブルゴーニュから始めてみる

いざワインを飲もうと思ったとき、「何を選ぶか」はだれしも迷うところだ。店に行っても、あまりに種類が多すぎ、どうしたらいいのかわからなくなることもあるだろう。

選び方に法則があるわけではないが、ワインの値段はピンキリなので、「自分の予算内で選ぶ」ということは案外大切な前提条件になる。そのうえで「あの料理に合わせたい」など明確な目的があれば、店の人に伝えて相談しながら選んでいくといい。また、暑い時期にはさっぱりした軽めのものが似合うし、寒い時期には濃厚な味わいのものが恋しくなる。季節をポイントに考えてみるのもいいだろう。

「ワインの〝いろは〟がわかるもの」というなら、まずフランスのボルドー産とブルゴーニュ産のワインで、味を比較してみるといいかもしれない。この組み合わせなら、ワインの味を特徴づける葡萄品種の違いもよくわかる。ラベルに記された年次（ヴィンテージ）を基準に、あたり年といわれる年はもちろん、思い出の年のワインを味わってみるのも楽しい。

詳しい知識をもった店員さんも多い。つい照れ笑いでごまかしがちだが、予算、用途、好みなどを伝え、相談してみれば？　きっとやさしくアドバイスしてくれるはず。

## TPOに合わせてワインを選ぶ

**食事に招かれた手みやげに**

リクエストがあれば別だが、食事内容がわからないときは、無理に食事に合わせるものと考えることはない。食前に向くスパークリング・ワイン（発泡性のワイン。シャンパンなど）や、食後にゆっくり楽しめる甘口のデザートワインなどを選ぶのもいいだろう。

**友だちを食事に招くとき**

食事をメインに考える場合と、ワインをメインに食事内容を決める場合があるだろうが、いずれにしても、食事とワインの組み合わせには基本がある（key word 18参照）。それを参考に選べば無難だ。

**お世話になった方に贈るとき**

相手がワイン好きなら、量より質で考えるべきだろう。１本でも、定評ある銘柄でよいヴィンテージのものを選びたい。

格別ワインに詳しくはなさそう、という相手なら、タイプの違うものを複数贈ると喜ばれるだろう。

赤・白という色の違いだけでなく、アルコールを添加したタイプのワインを加えるのもいい。バラエティに富んだワインの世界を味わってもらおう。

**ふだんの食事に合わせたいとき**

日常の食事に飲むなら、手ごろな値段のものがいちばん。堅苦しく考えず、予算内で好きなワインを選ぼう。

「このワインとこの料理の組み合わせはよかった」と思ったら、メモをとっておくといい。

同じワインを別の料理に合わせるとどうか、同じ料理を別のワインとともにとるとどうか、など、少しずつ冒険していくうちに、ワインのこと、ワインと料理の関係など、自然につかめるようになってくるだろう。

# 「暗・湿・寒」がよい店の条件

最近はスーパーでも、ワインを扱っているところが増えている。気軽に飲むテーブルワインなら、どのような店で購入してもそれほど問題はない。よく知られているように、ワインの保存の基本は、横に寝かせておくこと。これはコルクを湿らせて膨張させ、有害な微生物などの混入をできるだけ防ぐためだ。しかし、立てて陳列されていても、ある程度回転が早ければ心配はいらない。

より良質なワインを求めるときは、ワインの保存に気をつけている店を選びたい。ワインは、ボトルのなかでもゆっくり熟成を続けている。よくない環境に放置されていると、味のバランスを崩してしまう。

ワインが好きなのは、温度変化が少なく、適度な湿気があり、あまり光が入らない暗い場所だ。振動や臭いのないことも、よい環境の条件になる。年代ものや高価なワインを購入するときは、このような環境に調整したセラー（貯蔵室）を設けている店で選ぶのが一番だ。ワイン専門店はもちろん、最近は街の酒店でもワインに力を入れ、セラーを備えているところが増えている。

暗くて、ちょっと肌寒いワインセラー。値のはる上級ワインは、店の奥のワインセラーで眠っていることが多い。

## ワインの大敵はこれだ！

### 高温

ワインの保存に適した温度は、10～14度くらい。温度が高いと早く熟成して変質しやすく、低すぎると熟成が止まってしまう。

### 乾燥

湿度が低いとコルクが乾燥し、抜きにくくなったり、微生物が侵入しやすくなる。ワインに適した湿度は70％くらい。

### 臭い

異臭があると、ワインに臭いが移ってしまい、独特の香りが失われてしまう。

### 温度変化

温度変化が大きいと、やはりワインが変質しやすい。できるだけ温度変化が少ない場所が適している。

### 振動

ボトルに振動が加わると、熟成が早く進みすぎて、劣化の原因になる。

### 光

蛍光灯や日光は、ワインを劣化させる。ワインボトルには、光を遮断できるものが使われているが、できるだけ気をつけたほうがいい。

## 目減りで判断できるワインの状態

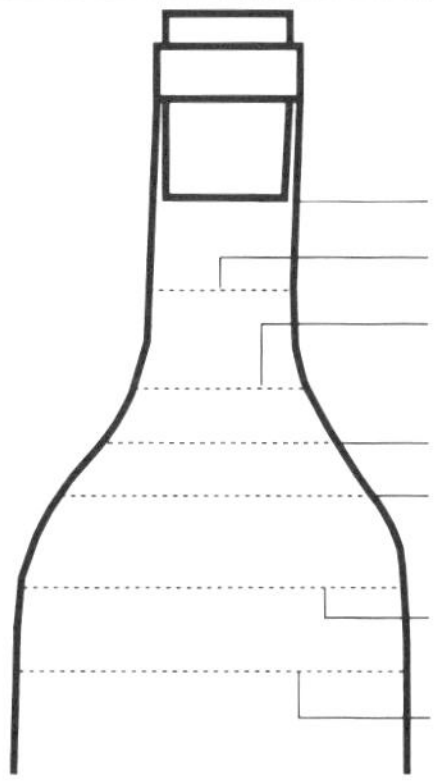

- **コルクの底**
- **正常な詰め**　開栓前からワインの液面が下がっているときは要注意。
- **首／肩最上部**　若いワインなら詰め不足。15～20年前のものなら、自然減少だろう。
- **肩上**　30年以上前の上質ワインなら良しとする。
- **肩中**　コルクが痛んでいる可能性もあるが、長熟の古酒ではまったく問題ないことも。
- **肩下**　年数にかかわらずコルクの傷みによって酸化が進んでいる可能性あり。
- **肩下以下**　酸化が進み、酸っぱくて飲めた代物ではない。

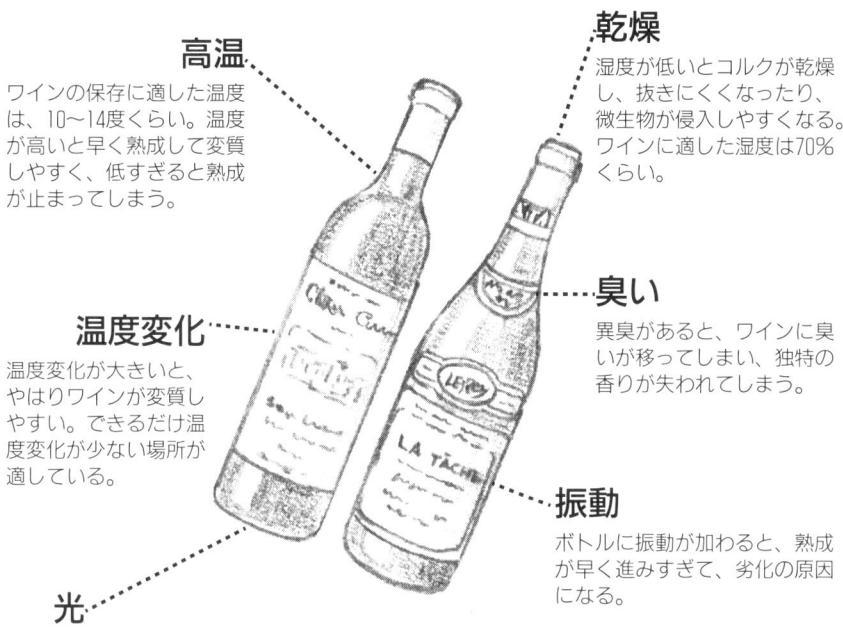

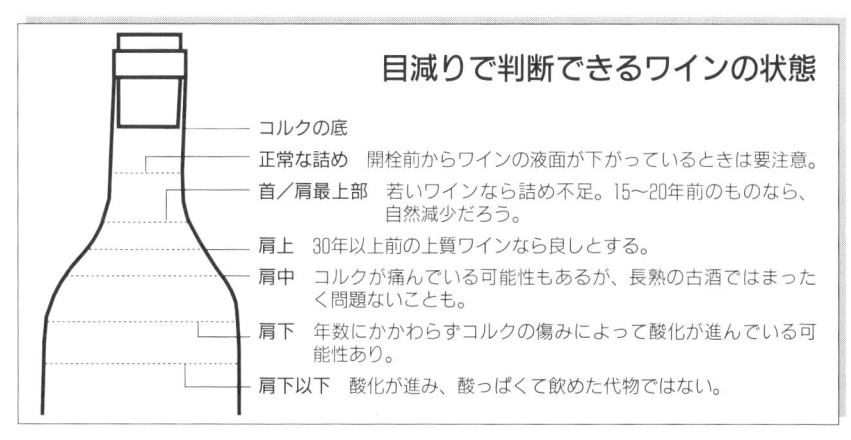

# 高級ワインが市価の半値で手に入る？

ワインは店で購入するものと思いがちだが、もう一ついい手がある。オークションに参加するのだ。オークションというと、競り上がって値段が高くなるというイメージがあるかもしれないが、うまくいけば店で買うよりぐっと安く入手できる。

ＦＡＸさえあれば、日本にいながらにして外国のオークションでビッドする（競る）こともできる。あらかじめオークションにかけられるワインのカタログが送られてくるから、そのなかから欲しいものを選び、「この値段までならだせる」という価格を記入した申込書をＦＡＸで送ればいい。当日、指示した価格の範囲内で競りを代行してもらえる。オークションに出品されるワインは、醸造元が提供するいわゆる〝蔵出し〟や、投機筋所蔵の放出品などもある。

ぼくはイギリスの有名オークション「クリスティーズ」を取材して以来、年に数回利用している。ワインは、六本とか一ダースなどのまとまった本数でオークションにかけられることが多い。友人たちとグループで参加しても楽しいのではないだろうか。

オークション会場の受付で、住所、連絡先、取引銀行などを登録すると、番号札をくれる（初回参加の場合は事前に銀行照会が必要）。会場でビッドする（競る）ときは、番号札を掲げて価格を告げる。

会場の参加者が示した値段が、ＦＡＸ（書面）で申し込まれている値段より高ければ、最高値をつけた会場参加者に落札される。

## 海外のオークションへの参加も簡単

| | |
|---|---|
| カタログを入手 | 参加したい分野（この場合はワイン）のカタログを定期購読する。カタログには、出品ワインの内容とともに、落札の予想価格が記載されているので、それを参考に値段を考慮する。 |
| 申し込み | カタログ巻末の用紙に必要事項を記入し、オークションの２日前までに、ＦＡＸか郵便で送る。 |
| 落札 | 会場でのビッドは、申し込み者の指定した価格（最高限度額）以内で、できるだけ安く落札してもらえる。 |
| 請求／支払い | 落札すると、手数料を含めた請求書が送られてくる。請求書受領後１週間以内に、指定銀行口座宛に、開催地の通貨で海外電信送金にて支払う。 |
| 輸送 | 請求書と一緒に送られた発送指示書に記入。その指示にしたがって、ワインが輸送業者に引き取られる。運賃や梱包料、保険料などの輸送費や消費税などの税金は、本人負担になる。 |
| 品物が届く | オークション終了後、品物が届くまで約１カ月くらいかかる。オークションが集中する時期には、さらに時間がかかる。 |

資料提供　㈱クリスティーズ ジャパン

物好きだって？
たしかに
そういう面も…

### あえて状態の悪いワインを申し込むことも

ぼくがときどき参加しているクリスティーズは、出品されるワインの種類が豊富で、日本では手に入らないワインも、どんどん出てくる。それがオークションの、大きな魅力の１つだ。

実物を見ないのは不安と思うかもしれないが、保存状態が悪い場合はカタログに正直に記載されている。このようなものは、評価の定まった銘柄、ヴィンテージのものでも当然安い。多少劣化していても、めずらしいワインなら話のネタには十分なる。だから、仲間うちで飲むときのために、あえて状態が悪いワインを選ぶこともある。

# 「すぐに飲む」のが一番いい

いくら保存に気をつけている店で購入したワインでも、自宅での保存がよくないと、せっかくのいいワインも台なしになる。テーブルワインならそれほど気を使わなくてもいいが、いいワインはできるだけ温度変化が少なく、暗くて涼しい場所を選んで、横にして保存しておきたい。

とはいえ、夏は蒸し暑く冬は寒い日本では、家庭内でワインを理想的な状態に保つのは、至難の技である。高級ワインを購入したときには、できるだけ早く飲んでしまうのが一番だ。……しかし、興味のあるワインを見ると、ついつい買い込んでしまい、ワインが増えていくのはワイン好きの性《さが》というものだろう。

予算や場所があれば、ワインセラーや家庭用ワイン専用冷蔵庫を用意するにこしたことはない。

ぼくはワインセラーももっているが、通常はひんやりした地下室を保管場所にしている。ぼくのバースデー・ヴィンテージ、つまり一九四七年もののワインたちも、地下室にひっそり眠っている。誕生日を迎えたとき、一本一本開けていくつもりだ。

ビデオも発売されているよ！

### ワインの劣化が犯罪の証拠
### ――刑事コロンボ〝別れのワイン〟

なつかしのＴＶドラマ、刑事コロンボシリーズに〝ワインの劣化〟が鍵となるエピソードがある（邦題「別れのワイン」）。

ワインコレクターの犯人は、憎い相手をワイン貯蔵庫に押し込めて窒息死させ、スキューバダイビング中の事故のように偽装した。証拠は見つからない。ギブアップしたコロンボは犯人を夕食に招くが、だされたワインに犯人は激怒する。素人なら見過ごすほどにせよ、劣化したものだったからだ。だが、じつはそのワイン、犯人のコレクションの１つ。貯蔵庫のエアコンを切り、高温にさらしたことを自分の舌が証明したのだ。

## 長期保存は温度変化の少ないところで

### 1 ふつうの冷蔵庫はやめておこう

冷蔵庫に長期保存すると、温度が低すぎて熟成が止まるうえ、コルクが乾燥してしまう。そのうえ、振動も食品の匂いもある。保存には適していない。

### 2 箱に入れて温度変化のない場所へ

断熱効果が高い発泡スチロール製の箱(ダンボール箱や木箱でもいい)にワインを寝かせて入れ、できるだけ温度変化が少なく冷涼な場所に保管するといい。
台所や居間は、温度変化が激しく光もあるので長期保存には向かない。
縁の下、床下収納庫、納戸、階段下のスペース、トランクルームなどが適当だろう。

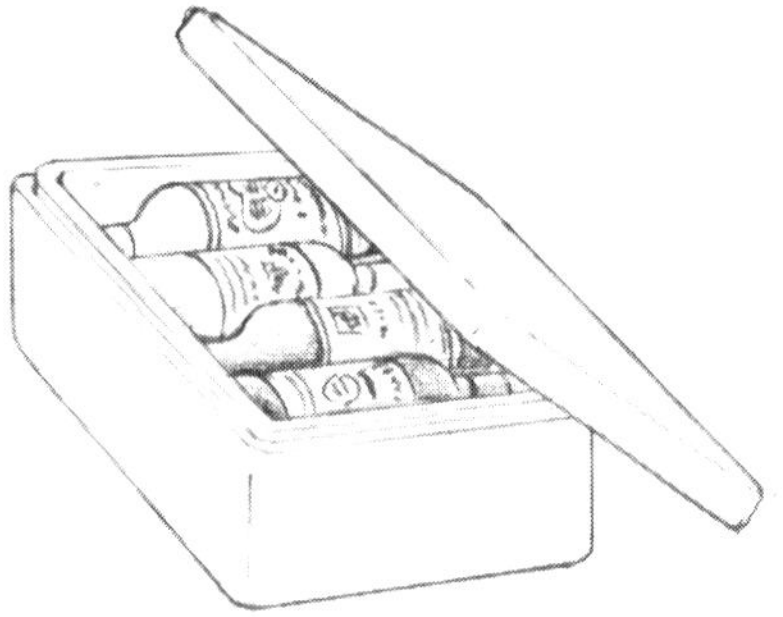

### 3 予算と場所があれば ワインセラー/ワイン専用冷蔵庫を用意

最近は、一般家庭用のワインセラーやワイン専用冷蔵庫が多種市販されている。ある程度値がはり、置く場所もとるが、常時いいワインを多数保存したい人は、思い切って購入するのも1つの方法だ。

#### 飲み残しはとりあえず冷蔵庫に

ワインは、栓を開けたらその日のうちに飲み終えるのが原則だ。空気に触れたままにしておくと、酸化が進んでワインの風味が失われてしまう。

飲み残したときには、できるだけ空気に触れないようしっかり栓をして、冷蔵庫に入れておけば、3、4日は問題ない。ぼくもふだんは夜1人で飲んでいるので、1本すべては空けられない。飲み残しは翌日飲むというかたちで、2日に1本のペースで空けている。

飲み忘れたりして3、4日以上たってしまったものは、ワインとして飲むのはあきらめ、料理などに使ってしまおう。

# 「赤ワインは室温」ではなく「ひんやり」がおいしい

一般に、ワインを飲むときは「赤ワインは室温で、白ワインは冷やして」といわれる。ただしこれは、エアコンのない時代の、フランスでの話だ。

飲んだときにおいしく感じられる適温は、ワインのタイプによって異なる。赤ワインの場合、温度が低すぎるとタンニンの渋みを強く感じる。それでも、濃厚な味わいのものだってせいぜい一五〜一八度が適当。それ以上の高温では、フルーティさがなくなり、アルコールも蒸発してしまう。軽いタイプの赤なら、さらに冷やしたほうがおいしい。日本の蒸し暑い夏場はもちろん、冬場だって、暖房がガンガンきいた部屋なら、赤ワインといえど少し冷やしたほうがいいということになる。

白ワインは冷たいほうがいいというのはそのとおり。酸味が引き締まり、フレッシュな味わいが強調される。甘口の白ワインほど、低い温度のほうがおいしく感じられる。

ワインを冷やすときは、ワインクーラーがベストだ。ムードがあるし、注いだらすぐ冷やせるので、ワインの温度の上昇を防げるからだ。

こうやって風に
あてると
新聞紙が乾く頃には
すっかり冷えている
ってことさ

冷蔵庫も氷もないドライブ先で、冷えたワインを飲みたいときの非常手段がこれ。濡らした紙をボトルに巻いて風にあてる。水分が蒸発するときにボトルの熱を奪い、冷えたワインができあがるというわけ。ただし、狭い道では道路脇の障害物にボトルがあたって砕け散るという、悲惨な事態になる可能性もあるので要注意。

## “冷え頃”は微妙に異なる

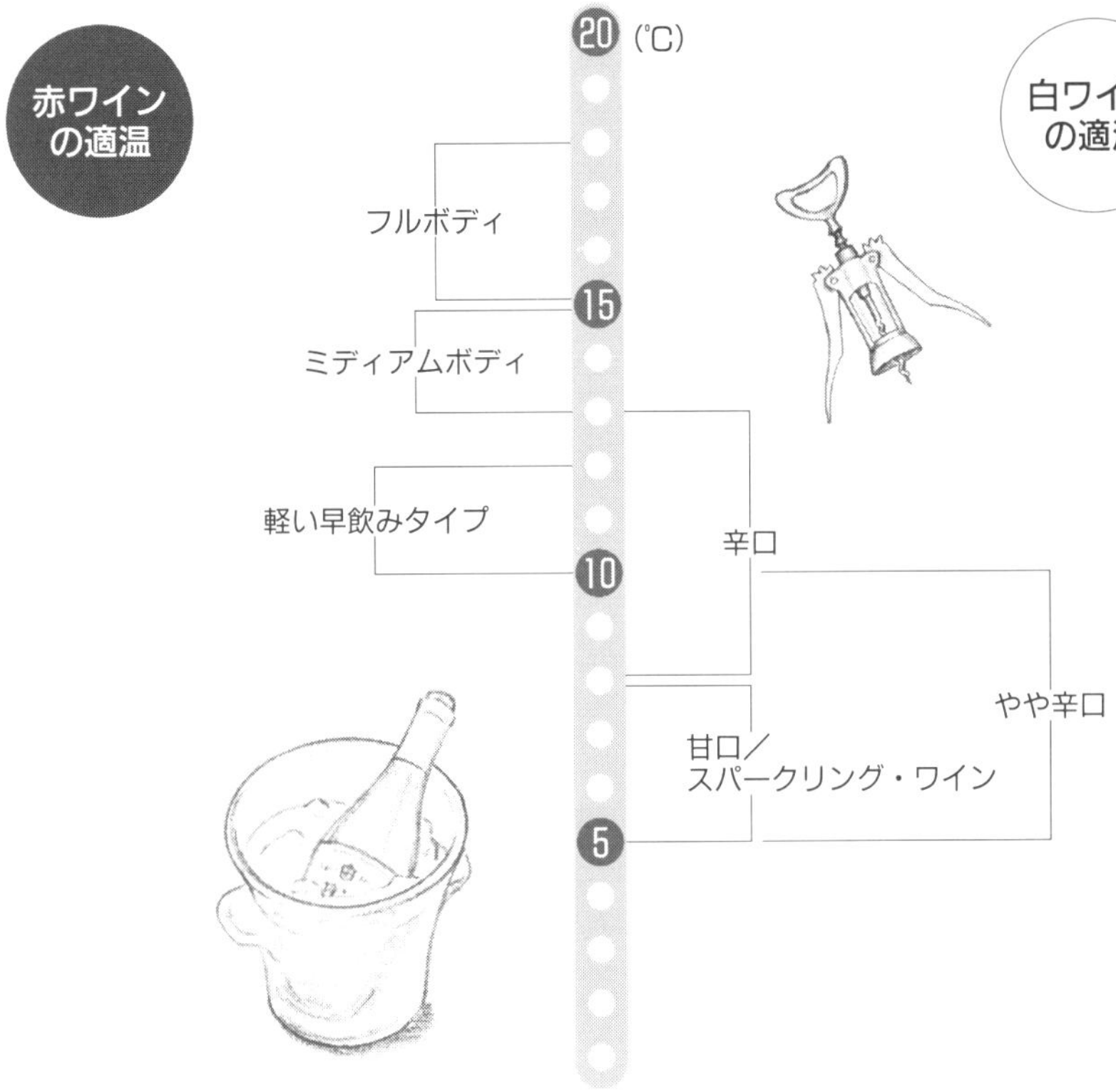


**冷蔵庫で冷やすとき**

冷やす時間の目安は、辛口白ワインなら3時間、甘口なら6時間程度。早飲みタイプの軽い赤ワインであれば、1時間くらいで飲み頃になる。急いでいるからといって、冷凍庫には絶対に入れないこと。

**ワインクーラーで冷やすとき**

ボトルが肩までつかる深さの金属製バケツに、6：4くらいの比率で氷と水を入れる。ひじょうに早くワインを冷やすことができ、15分もボトルを入れておけば、十分に冷える。
温度計を使わず、できるだけ正確に温度調整したいときは、室温から希望するワインの温度を引いた数字分だけ冷やすという方法がある。たとえば、室温20度で、ワインを12度にしたければ、8分間冷やせばいい。

# 一つで間に合わせるならチューリップ型を選ぶ

ワインを存分に堪能するためには、グラスにもちょっと気を使いたい。

ワイングラスは、無色透明で材質が厚すぎないものが基本だ。ワインの色を十分鑑賞するためには、ガラスの色や装飾は邪魔になる。材質が厚いと、唇の感触があまりよくない。

ワインの特徴に応じて、もっとも味わい高く飲めるよう、いろいろな形のグラスがある。一つのグラスで兼用するなら、縁が内側にカーブしているチューリップ型で、ボール部分の容量が多すぎず少なすぎないものを選ぶ。チューリップ型だと、グラスのなかにワインの香りがこもりやすく、香りを十分に楽しむことができる。ボールが小さすぎると、ワインを注ぎ足すのが面倒だし、大きすぎると飲んでいるうちにワインの温度が上がってしまう。

ところで、ワインを飲むときは、グラスの脚をもつのが原則とされる。ボール部分をもつと、ワインの温度が上がったり指紋がついてしまうからだ。でもぼくが取材で会ったフランスのワイン関係者の多くは、ボールをもって飲んでいたから、それほど気にすることはなさそうだ。

気持ちよく
楽しむために
習慣づけたいね

## グラスにべったり脂のあと……では、ワインの味も台なし

ふだんぼくは、食事をしながらワインを飲むより、ワインだけを楽しむことが多い。フランスパンやチーズは用意するが、食べるものはせいぜいその程度である。

もちろんレストランなどでは、料理も一緒に楽しむ。ワインを飲みながらの料理は、どうしても肉や魚などの脂っぽいものが多いので、さりげなくナプキンで唇を拭いてから、ワインを飲むようにしている。べったりと脂のついたグラスでは、ワインの味も台なしになるだけでなく、見苦しい。ちょっと注意したいマナーだ。

## ワインに合わせて形を選ぶ

### ボルドー

赤　白

口先がほどよく内側にカーブしたチューリップ型で、香りが少しずつ立ち、しかも香りを逃しにくい形になっている。良質の長期熟成タイプのワインにもっとも適している。
白ワイン用は、赤ワイン用より小ぶりに作られている。白ワインは冷やすことが多いので、飲んでいるうちに温度が上がらないよう、容量を小さくしてあるのだ。

### ブルゴーニュ

赤　赤・白

赤・白共通のグラスは、ボール部分の膨らみが大きいバルーン型。空気に触れる表面積が大きいので、ワインの香りがすばやく立ち昇ってくる。
口先が外側に反ったタイプは、甘味を感じる舌先にワインがあたるため、果実の風味を存分に味わうことができる。

### アルザス

ほどよい酸味があり、香り高い白ワインの多いアルザス。小ぶりで、しかも口先が内側にカーブしているのは、甘酸っぱさと香りをゆっくり味わうためだ。

### シェリー

シェリーをはじめとした酒精強化ワインは、アルコール度が高いので、小さめのワインで少量ずつ味わう。

### シャンパン（スパークリング・ワイン）

フルート型　ソーサー型

細長いフルート型と、口が広く底の浅いソーサー型がある。
フルート型は、立ち昇ぼる気泡が、ゆっくり鑑賞できるのが特徴。
パーティーなどの乾杯時には、一気に飲めるソーサー型が使われることが多い。

# T字型より「スクリュープル」が楽

ワインを開けるとき、オープナーのスクリューがまっすぐ入らなかったり、コルクが割れたりして、抜栓に四苦八苦した記憶をもつ人も多いだろう。慣れないと苦労する抜栓だが、オープナーを選べば、それほど面倒なことはない。

ワインオープナーには、酒店でおまけにくれるような単純なものから、ソムリエが使用するソムリエナイフまで、さまざまなタイプがある。一般に使われることの多いT字型のコルクスクリューは、ひじょうに安価なのだが、抜くのに力がいるし、抜くときの格好もあまりいいとはいえない。まっすぐに入らないといった失敗も、このタイプに多い。

抜栓から雰囲気を楽しみたいというならソムリエナイフがベストだろうが、うまく扱うのはかなりむずかしい。

初心者におすすめなのは、上部のねじを巻くだけで抜栓できるスクリュープルというタイプだ。ぼくもこのタイプを愛用している。

どのようなオープナーにしても、長い間使うものなので、少し高くてもじょうぶなものを選んだほうが、結局は得だと思う。

オープナーのスクリューはまっすぐに……とはいえ、斜めに刺さってしまい、引き上げる途中でコルクがちぎれてしまうことも。長期間、瓶を立てて保存していたためにコルクが乾燥し、弾力が無くなっていたりすれば、なおさらやっかいだ。
瓶の首のところにコルクが残ってしまった場合には、突き落として念入りにデカンタージュする。
コルクかすがぼろぼろになって入ってしまった場合には、コーヒーフィルターなどでこすしかない。

## オープナーのいろいろ

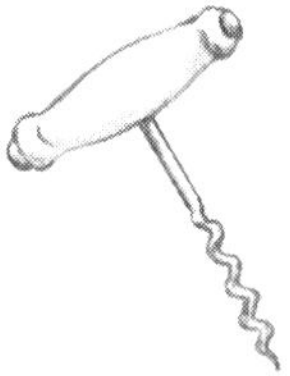

**テコ式**
頭の部分を回してスクリューをコルクにねじ入れていくと、歯車によって両側の柄が上がってくる。この柄を押し下げれば、テコの原理で栓が抜ける。
力を入れずに開けられるので初心者にも向いている。

**スクリュープル**
頭の部分を回していくだけで、コルクに入ったスクリューが今度は栓を押し上げていき、自然にコルクが抜けてしまう。
指1本で開けられるすぐれものだが、価格が多少高い。
また、コルクのくずがボトル内に少し落ちるのが難。

**コルクスクリュー**
スクリューをねじ込み、力を使って栓を抜く単純なタイプ。
安価だが、慣れないと失敗が多く、抜くときにでる「ポン」という音はあまり上品とはいえない。
抜くときに力を入れるので、そのさいにボトルが揺れてこぼれやすいのも欠点。

**ソムリエナイフ**
まず、ボトルの口元にあるくびれにナイフの刃を入れ、ナイフを回しながらキャップシールを切り取る。
スクリューを取りだしてコルクにまっすぐ回し入れる。
次に、左手でソムリエナイフの頭の部分をボトルの縁にあて、右手でテコの握り手を引き上げる。
栓があと1㎝くらいのところまで抜けたら、テコをはずして手で静かに抜く。

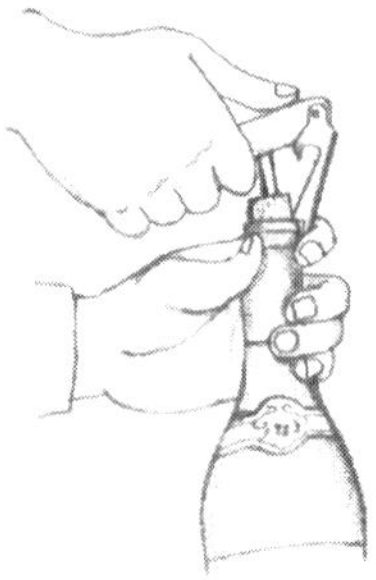

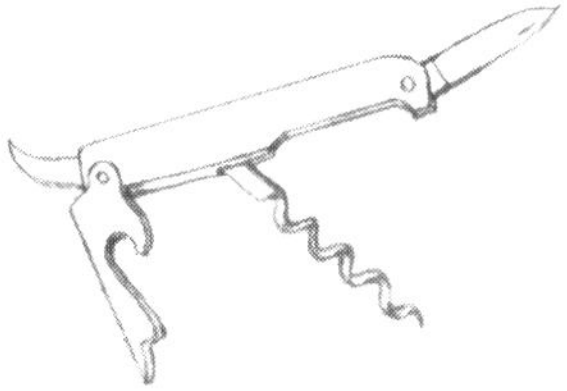

### シャンパンは音を立てずに抜くのが上品

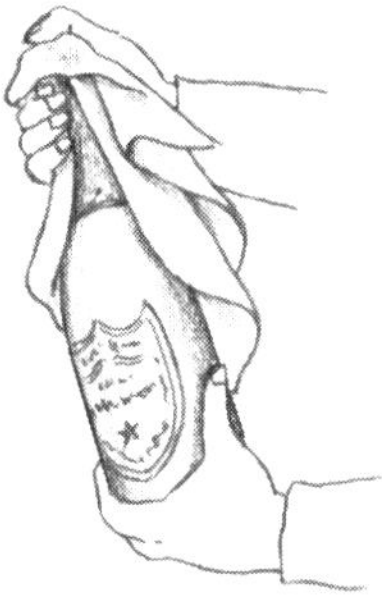

シャンパンなどの発泡酒を、「ポンッ」とハデに抜栓するのは、パーティの演出にはいいだろうが、栓が飛んで人にあたると危険だし、あまり上品とはいえない。
発泡酒は音を立てずに開けるのが、正式なやり方。キャップシールをはずしたら、ナプキンを口に巻いて親指でコルクの頭をしっかりおさえ、反対側の指でワイヤーをゆるめて、人のいない方向に向けてゆっくりと栓を抜いていく。このとき、コルクを回すのではなく、ボトルをゆっくりと回すのがコツ。

key word 12  コルク

# ワインの保存状態が飲む前にわかる

ワインの栓に使われるコルクは、スペインやポルトガル、イタリアなどに生えるコルク樫の樹皮から造られる。コルクが利用されているのは、弾力性と復元力が抜群にすぐれた素材だからだ。コルクを圧縮してボトルに打ち込むと、すぐ復元してボトルの内側に密着する。それによるボトルの密閉力は、ひじょうに高い。

このコルクの様子でワインの保存状態を推定することもできる。コルクの上にカビが生えている場合、保管が悪かったのではと心配するかもしれないが、十分な湿度のある場所で保存されていた証拠。安心していい。コルクの液面にキラキラした結晶がついていることがある。これも酒石《しゅせき》といって悪いものではなく、むしろ品質保証というべきものだ。

コルクの上部が盛り上がり、キャップシールが変形しているときは、温度の高い場所で保存されたことが考えられる。抜栓したときに、コルクがゆるんでいたり、コルクに凹凸があるようなら、立てて保存されていたのかも知れない。このような場合、ワインが劣化している可能性が高いといえる。

## コルクの匂いは味噌の香り

レストランでのホスト・テイスティングのとき、ソムリエが抜いたコルクを、ホストに見せる。このとき、鼻を近づけてコルクの匂いをかぐことをすすめる向きもある。

しかし、嗅覚に自信がある人、ワインに詳しいと自負している人はともかく、ふつうの人ならやめておいたほうがいいだろう。コルク臭などのチェックは、ソムリエにまかせればいいことだ。

どうせぼくらが匂いをかいでも「味噌蔵の香りに似てるなあ」と感じるぐらいで、いい香りがするわけではないのだから……。

## 集めて眺めて比べてみよう

### コルクの長さが違うのはなぜ？

コルクの長さは一定ではなく、３cm程度のものから６cm程度のものまでいろいろある。コルクの長さは、ワインの値段にほぼ比例すると考えていい。

長いコルクほどボトルの密閉性が高まるので、熟成期間が長い高級ワインには5.5cm以上のものが使われることが多い。

逆に長期間寝かせておく必要のない手ごろなワインには、わざわざ長いコルクを使う必要はない。３cm程度の短いもので十分なのだ。

### コルクに刻印があるのはなぜ？

偽造ワインが出回った20世紀初頭、本物であることを示すために、シャトー名やヴィンテージがコルクに刻印されるようになった。刻印があるものは、高級ワインといえる。

### プラスチックの栓が出てきたのだけど……

最近、出回るようになったプラスチックの栓。天然コルク同様、ふつうのオープナーで開けることができるが、初めて見ると「なんだこれは」とびっくりする。

天然コルクの欠点は、コルク内部で発芽したカビが原因と思われる、マッシュルームのような匂いのコルク臭の発生にある。このコルク臭を防ぐために登場したのが、プラスチックの栓だ。

天然コルクの価格が上がっているという、経済的理由もある。

### 金属キャップのワインは傷みやすい？

コルクは高価なため、手ごろな価格のカジュアルなワインには、ひねって開ける金属キャップが利用されることも多い。このタイプのワインは長く熟成させるわけではないので、コルク栓でなくても、ほとんど問題ない。

# 澱をとる……それだけが目的じゃない

レストランなどでは、栓を抜いたボトルから、デカンタと呼ばれる容器にワインを移し替えることがある。これをフランス語で、デカンタージュという。

デカンタージュを行う理由の一つは、ボトル内にできる〝澱《おり》〟を、ワインから分けることだ。澱は、ワイン中のタンニンや色素成分などが結晶化したもので、製造過程でもできるが、ボトルに詰められてからも徐々に現れてくる。とくに高級な赤ワインでよく見られ、澱があるのは成分がぎっしり詰まった高級品の証でもある。澱も飲めないわけではないが、苦みがあるので、せっかくのワインの風味を損ねてしまう。そこで、底に沈んだ澱を残し、上澄みだけをデカンタに移すわけだ。

もう一つ、栓を抜いたばかりのワインをデカンタに移し、ワインを空気に触れさせて、ボトルのなかで眠っていた香りを目覚めさせることも、デカンタージュする理由としてあげられる。

理屈はともかく、透明なデカンタのなかできらきら輝くワインは見ているだけでも心が躍る。ときには、ひと手間かけて楽しみたい。

恨みを買わないようにしなくちゃね！

### 注ぎ始めと終わりで〝まるで別物〟になっちゃった！

あるとき、年代物の赤ワインを多数の人に順番に注ぎ分けていったら、注いでいくうちにワインの色が変わっていき、びっくりしたことがある。最初に注いだワインは、ルビーのような輝やかしい色なのに、最後に注いだワインは濁っていて、輝きなどどこにもなくなっていた。

年代物のワインは澱を沈ませるために、開栓前、数日間立てておくのだが、これが十分でなかったようだ。

澱のある良質赤ワインを多人数に注ぎ分けるときは、不公平がないように（？）、やはりデカンタージュしたほうがいい。

## とっておきの赤ワインはひと手間かけて飲む

一般にデカンタージュしたほうがいいのは、澱がてきやすいボルドーの古い赤ワインといわれる。若いワインでも、空気に触れさせることで香りが増すことを期待して、デカンタージュする場合もある。ブルゴーニュの赤ワインは澱が少なく、白ワインにはほとんどないので、ふつうデカンタージュは行わなくていい。

### 1 ソムリエがするデカンタージュ

年代物の赤ワインを頼むと、ソムリエがデカンタージュしてくれる。

ワインはかご（パニエ、という）のなかに斜め横に置かれて運ばれてくることもある。長い間、寝かされていたワインの澱はボトルの側面に添って細長く沈殿しているから、いきなり立てて、澱を舞い上がらせたりしないためだ。

ワインをデカンタに移すとき、ろうそくが使われる。これは澱が入り込まないように、ボトルの肩のあたりを透かして見やすくするためだ。もちろん電灯でもかまわないが、やはりろうそくのほうが雰囲気がある。

### 2 自分でするデカンタージュ

基本的には、ソムリエがする方法と変わらないが、パニエまで用意するのも、ちょっと面倒だ。そこで、「そろそろ、あのワインを開けようかな」と思ったら、数日前から立てて置いておく。澱が舞った状態ではデカンタージュしにくいし、澱がボトルの底に沈みきってしまえば、デカンタージュしなくてもいける。

店頭で買ってきたばかりのものについても同じ。年代物の赤を手に入れたら、ちょっと家で落ち着かせてから開ける。

# 基本は「軽から重、辛から甘」

レストランで違うタイプのワインを二本頼もうとしたり、ワインパーティーでみんながそれぞれワインを持ち寄ったときなど、「さてどれから飲もうか」と、迷うことがある。

それぞれのワインの特徴を十分に味わいながら飲むためには、基本的に、ライト感覚のものからヘビー感覚のものへと替えていくといい。ボディ、つまり舌で感じるワインの味わいの重さに違いがある組み合わせなら、軽いものを最初に飲んで、次に重いタイプを飲む。若いワインと古いワインなら、若いものから古いものへ、辛口タイプから甘口タイプへ、という順番で飲むのが適当だ。

この順番が逆になると、それぞれの味わいを十分に感じ取れなくなってしまう。たとえば、軽快さが持ち味のワインを重いワインの後に飲むと、薄っぺらな味にしか感じられない。甘口ワインの後に辛口ワインを飲むと、辛さを強く感じてしまい、ふくよかな風味を味わえなくなる。

ワインの種類を替えるときは、グラスも新しいものに替えるか、洗ってから注ぐようにしたい。

臨機応変にいきましょう！

## それでも「メインのワインは先に」がお酒に強くない僕の原則

複数のワインを飲むときは、「軽いものから重いものへ」。これはわかっているのだが、酒に強くないぼくには、多少抵抗がある。

「きょうのメインはこれだッ」というワインは、たいていフルボディの高級ワインだから、原則的には後で飲むことになる。ところが酒に強くないと、他のワインを飲んでいるうちに酔ってしまう。いよいよメインというときには、すでに酔いで舌が麻痺《まひ》し、せっかくのワインをきちんと味わえない。というわけで、ぼくはあえて、いいワインは先に飲んでしまうのだ。

## タイプの違いを知って並べ方を考える

**1　軽い→重い**

軽さが持ち味のワインを先に飲み、しっかりとした、コクのあるワインはその後にする。順番を反対にすると、軽いワインの味がよけいに軽く感じられ、そのワイン独特の味わいがわからなくなる。

**2　若い→古い**

若いワインはフレッシュな味が魅力。その風味を十分に味わった後に、熟成の進んだ濃い味の古いワインを飲んだほうが、若いワインなりのよさが感じ取れる。

**3　シンプル→複雑**

手ごろな値段のワインは、一般に味がシンプル。上質なワインほど、味わいが複雑になる。複雑なワインの後にシンプルなワインを飲むと、物足りなく感じられる。

**4　辛口→甘口**

辛口ワインのよさは、すっきりとしたのどごしと豊かな風味。甘口ワインの後に飲むと、辛口ワイン独特の味わいを感じとりにくい。

**5　白→赤**

赤ワインは白ワインより味が濃いので、赤ワインを先に飲んでしまうと、その重さが舌に残り、白ワインのフルーティさを十分に味わいにくくなる。

# 「日本語が書いていない！」――記載順にはパターンがある

レストランでワインを注文するとき、慣れないと胸がドキドキしてしまう。ぼくも若い頃は、ずいぶん戸惑《とまど》ったものだ。国内なら、わからないことはソムリエや店員に聞けばいいが、言葉が通じない外国のレストランでは、なおさら冷や汗ものだ。何しろワインリストをわたされても、ずらりと横文字が並んでいるだけでよくわからない。国内でさえ高級レストランでは、カタカナ記述をしていないことが多い。

そこで、ワインリストのおおよそのパターンを覚えておくと、参考になる。記載されているのは、ワイン名、ヴィンテージ、造り手、価格の順が多い。ワイン名よりヴィンテージが先になることもある。

またリストは通常、シャンパン、白ワイン、赤ワイン、ロゼワインの順に記載されている。ワインの種類が多いレストランでは、赤ワインや白ワインをさらに細分化しており、ボルドー、ブルゴーニュ、コート・デュ・ローヌなど産地別に分かれていることもある。

同じカテゴリー内なら、ヴィンテージ順または価格順に並び、フランス産以外のワインは最後に記載されていることが多い。

気に入れば
ボトルで頼んで
もいいからね

### ハウスワイン（グラスワイン）でお店の実力がわかる

ワイン選びに窮したり、ボトル１本は飲みきれないと思ったときは、ボトル単位でなくグラス単位でサービスしている、ハウスワイン（グラスワイン）を頼むのもいい方法だ。

ハウスワインは、その店のソムリエが選ぶのだが、品質のよくないものをだすと、レストラン全体の評価が落ちるので、いいレストランほどハウスワイン選びに気を使っている。値段が手ごろなわりに、ときとして意外に貴重なワインがでてくることもある。ハウスワインはその店の評価の指標ともなりうるので、試してみて損はない。

## タイプ別、産地別に分類されている

Champagne──ワインのタイプ
・・・・・・・
Sperkling wine
・・・・・・・
White wine
・・・・・・・
Red wine
・・・・・・・
Rose wine
・・・・・・・

1　大きくはワインのタイプ別に分かれて記載されている。シャンパン（スパークリング・ワイン）→白→赤→ロゼの順が一般的。

Red wine

Bordeaux──産地名
・・・・・・・
Bourgogne（Burgundy）
・・・・・・・
Rhône（Côtes du Rhône）
・・・・・・・

2　各タイプのなかで生産国別に分けて記載される。フランスワインとその他の国に大別され、フランスワインは産地別に分けられていることも多い。

ブルゴーニュ（Bourgogne）は、英語表記のバーガンディ（Burgundy）と書かれることもある。

Bordeaux
Medoc──地区名
ワイン名　村名　価格
'95　Ch. Haut Batailley（Pauillac）　〇〇〇〇
'93　Clos du Marquis（St-Julien）　〇〇〇〇
・・・・・・・
ヴィンテージ

Bourgogne（Burgundy）
造り手の名前
'96　Puligny Montrachet（Olivier Leflaive）　〇〇〇〇
'96　Puligny Montrachet Les Combettes
(Etienne Sauzet)　〇〇〇〇
・・・・・・・

3　リストの掲載数が多い場合は、同じ地方のワインを地区別に記載することもある。「ヴィンテージ　ワイン名　価格」または「ワイン名　ヴィンテージ　価格」で表記される。ワイン名の後ろには、村名、あるいは造り手・メーカー名を特記する場合が多い。

同一カテゴリー内では、ヴィンテージ順、または価格順に並べられる。

## key word 16 ソムリエ

# 「おまかせ」でも予算、好みは伝える

ワインの種類は膨大なので、いちいち名前やその味わいを知っている人など、一般にはまずいない。ワインリストを眺めるだけで、何を選べばよいかわからなくたって、恥ずかしいことなどないのだ。

ワイン選びに悩むぼくらの、つよーい味方になってくれるのがソムリエだ。ソムリエは、ワインだけの専門家のように思われているが、レストランでの飲み物全般を管理・サービスする人のことである。

特別にほしいワインがないのなら、注文した料理に合うワインを、ソムリエに選んでもらえばいい。そのさい、軽いタイプがいいのか重いタイプがいいのかなど、自分の好みをはっきりと伝えよう。

問題は予算だ。ソムリエに予算を告げるべきだが、デートや接待などで、相手に値段を知られたくないときもある。このようなときは、さりげなくワインリストの希望値段のところをさして、ソムリエに「これくらいのワインをください」といえばいい。相手はプロだから、そのへんはうまくのみこんで、予算に見合うワインを選んでくれる。ソムリエを味方につける。これがワイン選びの極意なのだ。

スマートな客になりたいよね

### 少し残しておくのが〝粋〟というもの

ソムリエといえど、高価なワインを飲めるチャンスは、それほどあるわけではない。けれど職業柄、高価なワインの味を知っておく必要がある。

そこで高価なワインを注文したときには、ボトルに少し残すようにすると、ソムリエにとても喜ばれる。彼はそのワインを飲んで、味の確認ができるからだ。さりげなく残して去れば、〝粋な人だ〟と思われるのは間違いない。

帰る間際、「おっとまだ残っていたか」と、立ち上がったまま飲み干すなど、無粋のきわみである。

## ワインとサービスのプロ

### 人を見てサービスを変えたりしていない?

ソムリエは、客が心地よくワインと料理を楽しめるようサービスするのが仕事なので、身なりなどによって態度が変わるということはない。

しかしソムリエも人間だ。味もよくわからないのに金にあかして高価なワインを飲みまくり、尊大な態度をとるような客がいれば、けっしていい気持ちはしないだろう。

海外の某高級レストランなどでは、このようなタイプの日本人観光客に対しては、「どうせ味などわからない」と、状態のよくないものでもだしてしまうという話も耳にする。

### 昔から〝ソムリエ〟はいたの?

ヨーロッパでは古くから専門職として認められているソムリエだが、日本では、まだまだ歴史の浅い職業だ。

以前から、高級フランス料理店などにはソムリエがいたが、給仕長が兼務する場合が多かった。

一般に「ソムリエ」の名称が浸透し、気軽に行けるレストランでも、ソムリエのアドバイスを受けられるようになってきたのは、ここ十数年のことだ。

1985年からは、日本ソムリエ協会が「ソムリエ認定資格試験」を行っている。国家試験ではないが、現在、「ソムリエ」を名乗る人は、この試験に合格し、資格をもっている場合が多い。その受験資格は「実務経験が5年以上あること」とされている。

### ソムリエの試験ってどんなもの?

毎年、秋に行われるソムリエ認定資格試験。これがなかなかの難関である。

なんせ、筆記試験では、品種名や生産地に関するこまかな知識はもちろん、発酵・醸造に関する知識も試されるし、歴史についても知っておかなくてはいけない。筆記に合格した後には実技試験が行われる。そのなかには、テイスティングの試験もある。「ワインの味」がわからないようでは、プロにはなれないのである。

なお、ソムリエとは別に、〝ワインアドバイザー〟〝ワインエキスパート〟という資格もある。ワインアドバイザーは、酒類業者や調理師学校などで働く人のための資格、ワインエキスパートは品質判定のための的確な知識をもっている、一般のワイン愛好家が対象である。

key word 17 ホスト・テイスティング

# ソムリエに頼んでも恥ではない

初心者にとって、ワイン選びの次に控えた難問が、最初の味見、ホスト・テイスティングだろう。注文したとおりのワインかどうか、変質したワインでないかどうかなどを、チェックしなくてはならない。

ホストが行うことは、ラベルのチェック、コルクのチェック、そしてテイスティング（色・香り・味のチェック）だ。

ソムリエは、ワインをもってくると、まずボトルをホストに見せるので、このときにラベルをチェックして、注文したワインに間違いないかどうかを確認する。次に、抜いたコルク栓を見て、その刻印を確かめる。

その後、ワインがグラスに少量注がれるので、色や香り、味をチェックする。とくに異常がないようなら、軽くうなずくか、「けっこうです」「おいしいです」などといって、了承の意志を示せばいい。

ホスト・テイスティングは基本的にワインを注文した人が行うが、ワインに詳しい同席者がいればその人に頼んでもいい。とはいえ、味の異常はよほどワインを飲み慣れていないと、わからないことも多い。変質の判断をソムリエに一任してしまうのも、案外スマートな方法である。

ムードを壊さ
ないように
うまく振るまって

**「よくわからないけどなんだか変……」というときは？**

明らかにワインの味がおかしい場合は、当然ながらソムリエに伝えて、変質していないかどうか確認してもらうだろう。

困るのが、何となく変……という場合だ。「もしかしたら、この味はワインの個性なのかもしれない」と考えると、ソムリエに伝えるのは躊躇《ちゅうちょ》される。いちいち文句をつけて、気まずい雰囲気になるのもできればさけたい。

こう感じたときは、そのワインを飲まずに帰るというのも一つの方法だろう。そのまま残ったワインを見れば、店側も何かしら感じることがあるはずだ。

## 落ち着いて、スマートにチェックしていく

**ラベルのチェック**

ソムリエはボトルをテーブルにもってくると、ラベル側をホストに向けて見せる。ホストは、ワイン名やヴィンテージ、造り手などが注文どおりか確認する。このときコルクが抜かれていないことも確認しておく。

**コルクのチェック**

ソムリエは抜栓すると、抜いたコルクの臭いをかいでから、ホストの前に置くので、コルクに刻まれたワイン名やヴィンテージを確認する。余裕があれば、コルクの状態を観察する。

**※テイスティング**

グラスに一口分のワインが注がれたら、まず色を見て、次に香りをかいで、その後少し口に含んで味見をする。

※詳しくは84～93頁参照。

**承諾**

### 不快な臭いや酸味を感じたら

セメダインのような臭いがしたり、赤ワインなのに妙に酸っぱいなど、味に異常を感じたら、ソムリエに味を確認してもらう。ソムリエも明らかな異常と認めれば、別のワインと無料で交換してくれる。

### 好きなタイプではなかったら

ソムリエにワイン選びを頼んだが、好みの味でなかったというとき、交換してほしいと頼んでも、それはできない相談。だからこそ、ソムリエに好みをはっきり伝えておくことが大切なのだ。

# 「魚には白、肉には赤」にこだわらなくてもいい

ワインと料理がぴったりマッチすると、ワインが料理の味を引き立て、よりおいしく食事ができる。

一般に、魚料理には白ワイン、肉料理には赤ワインが合うといわれる。これはヨーロッパの長年の経験からいわれたことである。たしかに、脂肪分の多い肉類と赤ワインを組み合わせると、赤ワインのタンニンが脂っぽさをやわらげてくれるし、魚の淡白な味は、さわやかな白ワインとみごとに調和する。

ただ、ワインと料理のバランスは素材だけで決まるわけではない。素材は同じでも、調理の仕方によって料理全体の味わいは変わる。たとえば同じ魚でも、あっさり味の料理だけでなく、濃厚なソースがかかっていたり、個性的なスパイスを多用した料理もある。濃厚な味付けの料理なら赤ワインのほうが合うだろう。

あまり常識にとらわれることはない。食べたいものを食べ、飲みたいものを飲みながら、自分の好きな組み合わせを「発見」していってほしい。

同席する人との
相性も重要な
スパイス…だね

## 酒が主役の日本酒、料理が主役のワイン

日本酒もワイン同様、料理との組み合わせが大きなポイントになる。しかし日本酒はそれ自体が主役であるという点で、ワインと違う。日本酒には酒肴という、酒の味を引き立てるための料理があるくらいだ。一方、ワインの場合、主役はあくまで料理であり、ワインはその味を引き立てるもの。だからこそ最初に料理を選んで、それに合うワインを選ぶ。

どちらにしても、ホントの主役はそれを楽しむ人間たち。人との触れあいや豊かな会話があってこそ、酒も料理もよりおいしく味わえるというものだ。

## 素材だけでなく調理法や地方にも着目

### 素材で選ぶ基本

素材で選ぶなら、肉料理には赤ワイン、魚料理には白ワインが基本中の基本。このことを言いかえると、素材の色とワインの色を合わせると調和しやすいということになる。

たとえば魚でも、白身なら白ワインでいいが、赤身なら赤ワインが合うこともある。

### 調理法で選ぶ基本

調理法によって、素材の味や料理全体の風味が変わってくる。この観点からは、「料理のソースでワインを選べ」といわれる。

あっさり味なら白ワイン、こってり味なら赤ワインと考えればいい。

素材が魚介でも、こってりしている料理なら、軽い赤ワインか、白ワインのなかでもコクのあるタイプが合う。あっさり味の肉料理でも同じだ。

### 地方で選ぶ基本

地方料理を注文するときは、ワインもその地方のものに合わせる。

たとえばブルゴーニュ産のエスカルゴ料理には、やはりブルゴーニュのワイン、スペイン料理のガスパッチョにはシェリーが合う。

### 統一性に欠ける食事には？

家庭での食事では、肉も魚も同時にだされたり、和洋中の料理が一緒に並ぶというケースが少なくない。

このような統一性のない食事に、完璧に合わせられるワインはまずない。個性があまり強すぎない、カジュアルなタイプを選んでおくのが無難だ。

# 刺し身、寿司、天ぷら——和食とワインは意外にいける

〝ワインは洋食に合わせる酒〟というのは、相当に古い認識だ。いまや和食にワインを合わせるのは、むしろ常識といっていい。有名料亭などは、さまざまなワインを取りそろえているところが多いし、寿司屋でも天ぷら屋でも、ワインが置いてあって不思議ではなくなっている。

和食は洋食に比べると、全般に味が淡泊である。そのため、白ワインを合わせる傾向が強い。たしかに白身魚や貝類の刺し身などには、辛口の白ワインがぴったりはまる。ただ、同じ白でもフルーティな甘味の強いものを刺し身と一緒に飲むと、魚の生臭さが強調されるような感じがして、ぼく自身はあまり好みではない。

一方、赤ワインはあまり和食に合わないと思われがちだが、けっしてそんなことはない。和食に欠かせない醤油《しょうゆ》との相性もいいし、マグロのトロの刺し身や握り寿司には、赤ワインが驚くほどマッチする。上級のマグロを口にした後、これまた上級の赤ワインを飲むと、チーズを食べた後にワインを飲んだときと同じような、なんともいえないまろやかさが口に広がる。ぜひ試してほしい組み合わせだ。

ぴったりはまると至福のとき！

## 懐石料理との贅沢な取り合わせに脱帽

あるワイン雑誌で、ものすごい体験をさせてもらった。あのロマネ・コンティのオーナー、オベール・ド・ヴィレーヌさんと、DRC社（140頁参照）の高級ワインの飲み比べをしたのだ。

そのときの料理が和食。料亭・吉兆が用意してくれた懐石料理だった。鯛のかまつけ焼、筍土佐煮など、それぞれじつに味わい深く、ワインと和食の相性のよさを、あらためて感じ入った次第である。

ワインと和食の相性がいいのは、フランスも日本も食にこだわる国柄のせいなのだろうか……。

## 赤ワインは和食の隠し味にもなる

和食とワインは
とり合わせとしては
案外いけまっせ
しかも
白だけではなくて
赤も……
赤なら
まぐろとか
うなぎとかは
いけそうですね
そのとおり！
特にマグロのお造《つく》りを
食べる時には
醤油《しょうゆ》に赤ワインを
数滴たらしてやる
これで
バッチリ
ですわ
どれどれ
あ ほんと
いけますね
そう
でっしゃろ！

# いいチーズは最高のつまみになる

ワインとの取り合わせで、これ以上はないというベストマッチが、チーズである。殺菌処理したプロセスチーズより、バラエティに富むナチュラルチーズ選びたい。

ヨーロッパでは「一つの村に一つのチーズ」といわれるように、その土地土地の気候風土に合ったチーズが造られている。だからチーズは、ひじょうに多様であり、その点、ワインとおおいに共通している。

ナチュラルチーズを大別すると、熟成されていないフレッシュタイプ、カビをまぶして熟成させる白カビ・青カビタイプ、表面を酒類などで〝洗った〟ウォッシュタイプ、山羊の乳で造るシェーヴィルタイプ、水分の少ないセミハード・ハードタイプの七つがある。

一般には、フレッシュタイプや白カビタイプのような、ソフトでプレーンなチーズにはフルーティなワイン、ウォッシュタイプや青カビタイプのように個性の強いチーズには、コクのあるワインが合うといわれる。しかし、対立した味の組み合わせがマッチすることもある。左頁の基本的な組み合わせ以外にもいろいろと試してみよう。

あまりにも古すぎるのはやめておいて

## 賞味期限切れのパヴェのこたえられないうまさ

ぼくのお気に入りは、白カビタイプのフランス産チーズ、パヴェ・ダフィノアである。食べ頃は熟成2～5週間といわれるが、ぼくは期限切れのパヴェをぜひおすすめする。若いうちは何となく粉っぽいのだが、時間がたつにつれて、熟成されて柔らかくなっていく。さらに期限が切れた頃には、切っても崩れてしまうほどトロトロになってしまう。でもこれがまた、たとえようがないほどうまいのである。

青カビタイプではゴルゴンゾーラ、匂いのきついウォッシュタイプも大好き。全体にぼくはトロトロ系が好みなのかも……。

## くせのあるチーズにはコクのあるワイン

**フレッシュタイプ**
牛乳を乳酸菌や酵素で固めて水を切っただけで、熟成されていないもの。ほのかな酸味とさわやかな風味がある。
→フルーティなワインがおすすめ

**セミハードタイプ**
チーズをプレスして水分を抜き、保存性を高めたチーズ。日本の分類では、残る水分の程度や大きさで、セミハードとハードに分かれる。セミハードは、種類がもっとも多い。
→軽めのワインがおすすめ

**白カビタイプ**
表面に白カビを植えつけたチーズ。白カビの影響で表面から中心に向けて熟成（成分の変化）が進み、だんだんなかのほうまで柔らかくなっていく。くせがなく食べやすいものが多い。
→すっきりタイプのワインがおすすめ

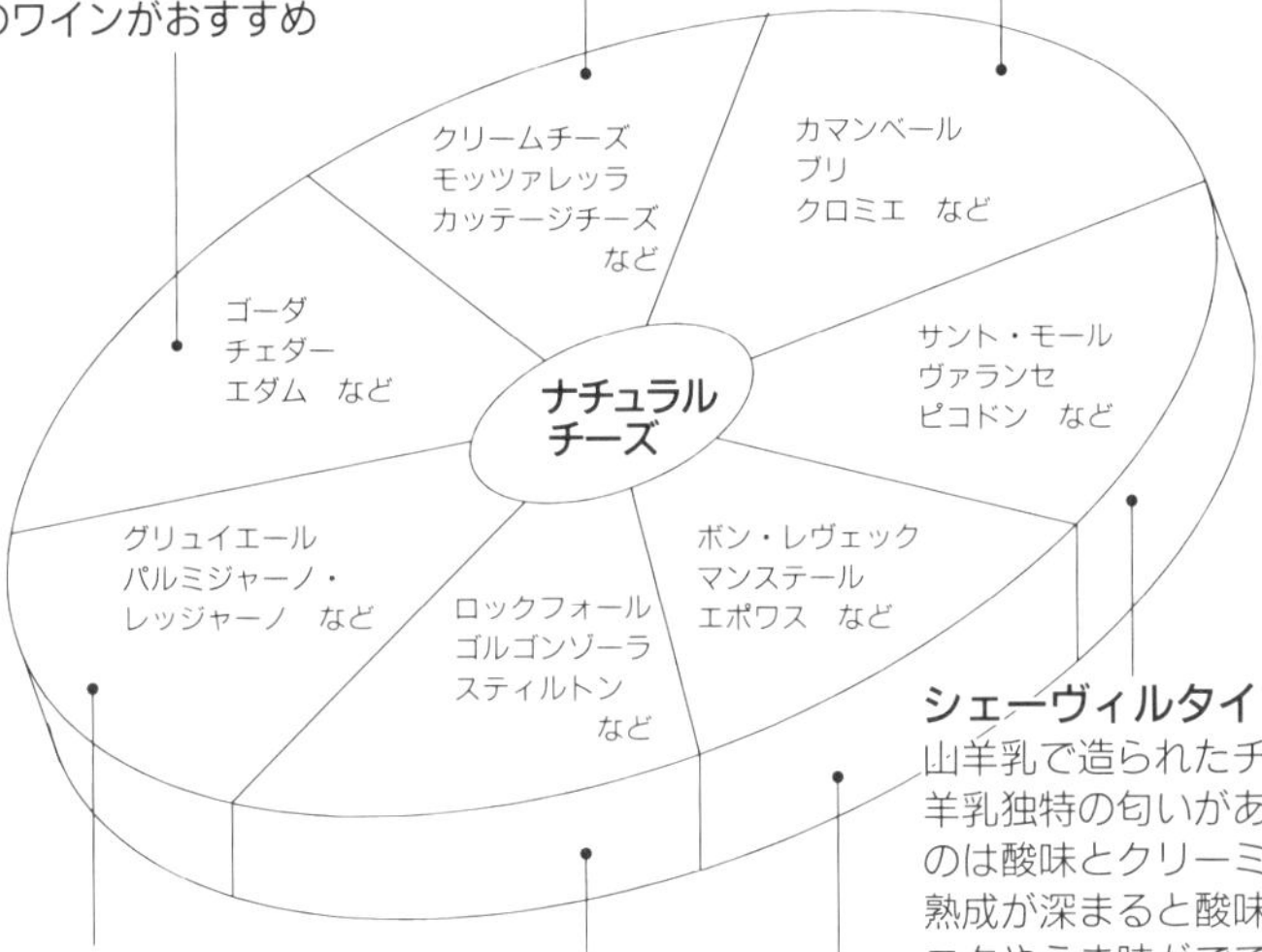


**シェーヴィルタイプ**
山羊乳で造られたチーズで、山羊乳独特の匂いがある。若いものは酸味とクリーミーさがあり、熟成が深まると酸味がやわらぎ、コクやうま味がでてくる。
→辛口白ワインや軽い赤ワインがおすすめ

**ハードタイプ**
セミハードより水分が少なく、熟成期間も長い。よく熟成されたものはアミノ酸が増加し、うまみが高まる。
→コクのあるワイン、酸味のあるワインなど

**ウォッシュタイプ**
チーズの表面を塩水やブランデーなどで洗って造られる。洗うことでチーズを細菌から守るほか、独特の風味づけにも役立つ。匂いは強いが、味わいはコクがあってまろやか。
→フルボディの赤ワインがおすすめ

**青カビタイプ**
チーズのなかに青カビを植えつけたチーズ。塩分が強めで、刺激も強いのが特徴。
→コクのある赤ワインがおすすめだが、甘口ワインにも合う

# 「とりあえずビール」では……ワインの前にもワインがいい

食事の前に少しアルコールを入れると、胃が刺激されて食欲がわいてくる。

日本で食前酒というと、「とりあえずビール」というパターンが圧倒的に多い。ビールもいいが、レストランなどで、これからワインを堪能しようというときは、食前酒にもちょっとこだわってみたい。

待ち合わせなどに利用するウエイティング・バーのあるレストランでは、ここで食前酒をオーダーする。そういった場所がなければ、メニューが運ばれてきたときに最初に注文し、食前酒を飲みながらゆっくりと料理やワインを選べばいい。

食前酒としてもっともよく飲まれているのは、シャンパンをはじめとしたスパークリング・ワインだ。きめ細かな気泡が、心地よく胃を刺激してくれる。スペインのシェリーも、よく食前酒として飲まれている。

デートのときには、ムードのあるワインベースのカクテルを選んでみるのも粋だと思う。辛口の白ワインを食前酒として頼み、そのまま料理につないでもいい。

メインを楽しめなくなっては意味がないもの

## 食前酒でヘロヘロ……なんてかっこ悪い！

アルコールの種類を変えるときは、「弱いものから強いものへ」が原則である。最初から強い酒を飲むと、早く酔ってしまうからだ。

食事の前に強い酒をたっぷり飲み、食事の頃には真っ赤な顔をして、ワインの味も料理の味もわからない、なんてことではちょっとみっともない。酒に強い人はいいが、強くない人は、アルコール度の高いシェリーやカクテルには要注意だ。

ぼくも食前酒にシャンパンなどを飲むことはあるが、何しろ酒に強くないので、あまり多くは飲まないよう気をつけている。

## 食前酒にはワインベースのカクテルもいい

### キール
*Kir*

白ワイン（辛口）---------------4/5
クレーム・ド・カシス※-----------1/5

フランス・ディジョン市のキャノン・F・キール市長が考案したカクテルで、ブルゴーニュ産の辛口白ワインをベースに、クレーム・ド・カシスで割ったもの。

カシスの香り漂う、おとなっぽいムードが魅力だ。

### キール・ロワイヤル
*Kir Royal*

スパークリング・ワイン----------4/5
クレーム・ド・カシス-----------1/5

キールでの辛口白ワインのかわりに、スパークリング・ワインをベースにして、クレーム・ド・カシスで割ったカクテル。

スパークリング・ワインの炭酸が、キールよりさらに口あたりをさわやかにしている。

### キール・アンペリアル
*Kir Imperial*

スパークリング・ワイン----------4/5
クレーム・ド・フランボワーズ※※--1/5

キール・ロワイヤルでのクレーム・ド・カシスのかわりに、クレーム・ド・フランボワーズを使用したもの。木イチゴの香りが漂う、甘酸っぱくさわやかな風味が魅力。とくに女性に人気がある。

※クレーム・ド・カシス…黒スグリ（カシス）のリキュール
※※クレーム・ド・フランボワーズ…木イチゴ（フランボワーズ）のリキュール

### ミモザ
*Mimosa*

スパークリング・ワイン----------1/2
オレンジジュース---------------1/2

スパークリング・ワインをオレンジジュースで割った、口あたりのいいカクテル。20世紀初頭に、上流社会でのブランチの食前酒として流行した。

色合いがミモザの花に似ていることから、この名がついた。

### スプリッツァー
*Spritzer*

白ワイン----------------------1/2
炭酸ソーダ--------------------1/2

白ワインを炭酸ソーダで割った、オーストリア・ザルツブルク生まれのカクテル。

スプリッツァーは〝はじける〞という意味で、その名のとおり、口のなかではじけるような、ひじょうにさわやかな感触が魅力。


（レシピ例の配分は目安）

# 「甘い」「強い」——しめに飲むのは濃いワイン

おいしい食事とワインを十分に堪能したら、そのしめくくりに違う酒を飲んで、楽しいひと時の余韻を味わうのもいいものだ。食後酒には、満腹感をやわらげたり、消化を促進する意味もある。

「酒は弱いものから強いものへ」という原則のとおり、食後酒はアルコール度の高い酒が中心になる。また食後にデザートがほしくなることでもわかるように、辛口よりも甘味の強い酒のほうが合う。

食後酒には、自分の好みのものを選べばいいが、レストランで用意されている食後酒は、甘口ワイン、ポートワイン、ブランデーがほとんどである。ポートワインは、アルコール度を高めた甘口ワインで、グラスで頼めることが多い。

ブランデーは、葡萄から造るのが一般的だが、リンゴを原料としたものなど、多くの種類がある。アルコール度はかなり高いが水で割るのは論外。これではせっかくの風味が失われる。ゆっくりと、舌でころがすようにして味わおう。

その他、甘味の強いリキュールやカクテル類も、食後酒に向いている。

思えば優雅な学生生活…だったな

## ホテルで学んだワインのマナー

ぼくが最初にワインについて〝学んだ〟といえる場所はホテルだ。といっても利用客としてではない。

ぼくが大学に入った頃は、大学紛争のまっただ中。入学はしたものの半年間、講義はなく、バイトというか〝本業〟に近い形で、四谷にあるホテルで働いていたのだ。そこで、さまざまなワインを味見させてもらったり、ややこしい知識やマナーを教えてもらったりしたというわけだ。

以来、ワインを中心にした酒とのつきあいは途切れることなく、今に至っている。

## 定番の食後酒いろいろ

### 甘口ワイン

甘口ワインの筆頭に、フランス・ソーテルヌ地方の貴腐ワインがあげられる。そのトロリとした口あたりは、美味の一言に尽きる。

レストランでは、ボトルでオーダーしなくてはならないことが難点だ。

### ポートワイン

アルコール度を15度くらいに高めた、ポルトガルの甘口ワイン。ポートワインにも多種あり、なかには食前酒として飲まれるものもある。

ケーキやハードタイプのチーズともよくマッチする。

### リキュール・カクテル

種類がひじょうに多様なので、ソムリエやバーテンダーにそれぞれの味わいを聞いて、もっとも好みに合いそうなものを注文するといい。

食後酒としては、少し甘味があるものを選ぶといいだろう。

### ブランデー

果物を発酵させた醸造酒を蒸留し、アルコール度を高めたものがブランデーだ。さまざまな種類があるが、代表的なものにフランス産のコニャックとアルマニャックがある。

コニャックは香りや味わいが女性的、アルマニャックは男性的といわれる。アルマニャックは多少クセのあるブランデーなので、飲み慣れない人はコニャックから始めたほうが無難。

葡萄を原料としたブランデーのほかに、リンゴを原料とした、フランス・ノルマンディー地方のカルヴァドスがある。コニャックやアルマニャックと比べて甘味が少ない。

その他、サクランボ、木イチゴ、洋梨などで造られたブランデーもある。

### かすとりブランデー<br>マール＆グラッパ

ブランデーはふつう、ブランデー専用の葡萄から造られるが、ワインを造るときに残った葡萄の搾りかすを使用することがある。それをかすとりブランデーといい、フランスではマール、イタリアではグラッパと呼ばれる。

# 第2章
# 4つのポイントがワインの味を決める

う〜ん、この香りは
腐葉土の匂いと馬の汗が
交じり合った……

そんな表現法を身につけたかったら key word 42 をお読みください。

ふ〜む
グラスの縁の色を透かして見ると
年代は1990年代より前……
バーガンディ*の例外ともいえる
最良の年　1988年あたりでは
※

*バーガンディ＝ブルゴーニュ

もしやこれは…

ひょっとして…

うーむ…

## 個性の違いを知ること、それがワインを楽しむ極意だ。

ワインのもう１つの楽しみは
蘊蓄《うんちく》を語ることにある。
ただし、嫌味にならない品性が
問われるが。

早く言ってよね

※なぜ年代までわかるの？　その秘密は key word 43 をチェック！

# 違いは四つのポイントを知ればわかる

「同じ味のものは二つとない」といわれるほど、ワインはそれぞれに個性がある。それがワインの楽しさにつながるわけだが、同時に「ワインはややこしい」と思われる所以《ゆえん》でもある。

しかし、ワインの個性を決める要素は、じつのところ四つしかない。葡萄の品種、生産地、ヴィンテージ（葡萄の収穫年）、造り手がそれだ。

ワインの個性を決めるベースは、何といっても葡萄の品種にある。しかし同じ品種でも、その葡萄が育った土壌が違うと、味が異なってくる。また、同じ品種、同じ生産地でも、その年の気候によって出来の良し悪しが左右される。そして最終的には、ワインの味は造り手にゆだねられる。醸造家が変われば味わいが変わるのはもちろんだが、企業側の経営方針によっても違いが現れてくる。

たかが四つの要素とはいえ、個性が生みだされるプロセスは単純ではない。だが、「自分がおいしいと感じたワイン」を足がかりに、四つの要素を意識しながら飲み比べていくと、個性の違いがつかめるようになる。それぞれの個性を知ることで、ワインの楽しみは広がっていく。

減点法では個性は伸びないよね

## 減点法の日本酒、〝欠点も個性〟のワイン

日本でも、米の品種や生産地、造り手などによって、じつにさまざまな味わいの日本酒が造られている。しかし味のバラエティの多さでは、どうしてもワインに軍配があがる。

日本酒の場合、ある一定の基準をはずれた酒は「ダメな酒」として排除されてしまう。したがって、灘の酒も新潟の酒も、いいものは大体、味が似かよってくる。ところがワインは、多少欠点があっても、それはそのワインの個性として認められる。だからこそ、ありとあらゆる味が混然として世にでているのだ。

## ワインの個性はこれで決まる

### 葡萄の品種

日本でもっとも飲まれているフランスワインを例にとると、白ワインには、シャルドネ、ソーヴィニヨン・ブラン、リースリングなど、赤ワインにはカベルネ・ソーヴィニヨン、メルロ、ピノ・ノワールなどの葡萄がよく用いられる。

フランスワインはラベルに品種が記載されていない場合が多いが、生産地ごとに栽培される品種はほぼかぎられている。生産地から品種を推測するか、購入するさい、店の人に聞くといい。

### 生産地

フランスならボルドー、ブルゴーニュ、シャンパーニュ、ロワールなど。イタリアならピエモンテ、トスカーナなど。生産地によって味わいが異なっている。

安価なテーブルワインでないかぎり、ラベルに生産地が記載されているので、飲む前に確認しておこう。

### ヴィンテージ

フランス、ドイツ、北イタリアなど、気候の厳しい地域ほど天候による影響が大きく、収穫年による味の違いも現れやすい。近年は製造法の工夫により、葡萄の良し悪しにあまり影響されず、一定の味を造り上げている地域もある。

異なる地域や違う年のワインをブレンドしているテーブルワインなどでは、収穫年がラベルに記載されない。

### 造り手

同じ年、同じ土地でも造り手の感性や方針によって味わいに個性が現れる。上級のワインには、ラベルに造り手が記載されているので、確認しておくといい。

とくにブルゴーニュワインは同じワイン名でもさまざまな造り手がいるので要注意。

# ワイン用の葡萄と生食用の葡萄は出自が違う

人類誕生前から自生していただけに、葡萄の木には何万もの種類がある。とはいえ、全部が全部、ワインになるわけではない。ワイン造りに適しているのは、だいたい五〇種類程度。そのほとんどは、ヨーロッパ系の葡萄品種だ。

これに対し、ぼくらがデザートとして生食している葡萄、たとえばデラウエア、ナイアガラなどは、アメリカ系の品種に属している。

日本で栽培される葡萄の八〇％以上が生食用だが、ヨーロッパでは逆に、約八〇％がワイン用である。

ワイン用と生食用とでは品種が違うということは、ワイン用は生で食べるとおいしくないのか？　答えは否。ワイン用葡萄は酸味があり、糖度も高いので、そのまま食べてもおいしいものが多い。ただし、果皮が厚くて実がはがれにくく、食べにくいのだ。その点、生食用は実ばなれも種ばなれもよく、食べやすいという特長がある。

ちなみに生食用でもワインを造れないことはないが、良質のワインはできない。

| | | |
|---|---|---|
| ヨーロッパ系の葡萄 | おもにワイン用 | 一般に、酸味・甘みともに強く、ワイン造りに向く。葡萄は突然変異が起こりやすいことから、長い歴史のなかで、バラエティに富んだ品種が現れた。ピノ系、カベルネ系など、もともとは同じ品種が枝分かれして、別の品種になったものも多い。 |
| アメリカ系の葡萄 | おもに生食用 | ワイン用に使われることもないわけではないが、酸味が少なく、独特の香りもあるため、高級ワインには用いられない |

## ワインの深みは樹齢とともに増す

| 樹齢 | |
|---|---|
| 0 | 苗木の植えつけ |
| 3 | ワインを造れるぐらい、実がつくようになる。 |
| 5 | 一般に、若い樹齢の葡萄から造られるワインは、味わいが軽めのものになる。 |
| 10 | |
| 30 | 樹齢が重なるにつれ、収穫量は減っていくが、葡萄の味が深まり、できるワインは複雑さを増していくといわれる。 |
| 80（年） | そろそろ植えかえ |

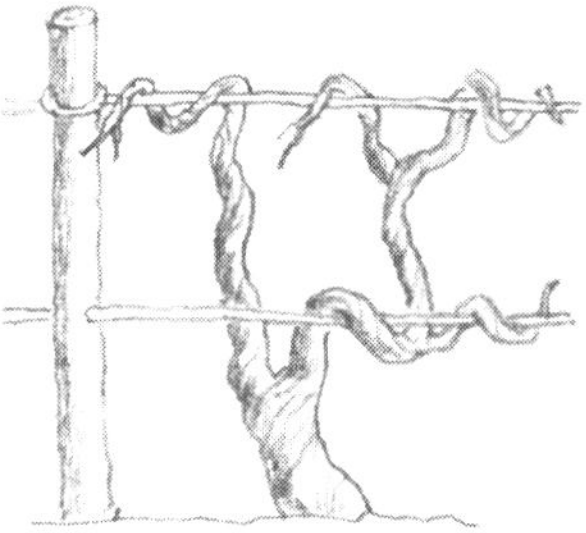

ワインのラベルに「vieilles vignes」と書かれていることがある。これは「古い葡萄の木」という意味。古い木ならば必ずいいワインになるということではないが、樹齢の古さは1つのウリなのだ。

ヨーロッパの
葡萄も根っこは
アメリカ産…か

### ワインを飲めるのはアメリカのおかげ？

農作物の育成はつねに、害虫との戦いに明け暮れる。ワイン用の葡萄たちも、19世紀後半にたいへんな害虫被害にあった。アメリカからやってきたフィロキセラというアブラムシの1種に、ヨーロッパの葡萄の木が食い荒らされ、フランスではほとんど全滅状態にまで陥ったのだ。

アメリカ発の害虫被害だったが、これを救ったのもアメリカだった。フィロキセラに強いアメリカ原産の木を台木にして、ヨーロッパ系品種を接《つ》ぎ木することで、絶滅の危機を逃れることができたのだ。

# 〝赤ワインらしさ〟を存分に味わえるボルドーの代表品種

赤ワインの原料となる葡萄品種として、まずあげなくてはならないのが、カベルネ・ソーヴィニヨンだ。フランスのボルドー地方、とくにメドック地区、グラーヴ地区の主要品種であり、シャトー・ラトゥール、シャトー・マルゴーなど、最高級ワインの素材となる。

この葡萄は、青みを帯びた小粒の黒葡萄で、果皮が厚く、種には強いタンニンが含まれているため、色の濃い渋みのあるワインができる。

若いワインだと、渋みがストレートで飲みづらく感じるかもしれない。しかし、熟成が進むにつれ、タンニンと酸のバランスがとれたしっかりとした味わいに変化していく。

ボルドーでは、カベルネ・フランやメルロなど他の品種をブレンドして、よりバランスのとれた長熟タイプのワインを造っている。

カリフォルニア、オーストラリア、チリなどでも、この品種のワインを造っているが、こちらはカベルネ・ソーヴィニヨンだけを使用していることが多い。その場合、味わいの複雑さはボルドー産より少なく、熟成時間も短めになる傾向がある。

## カベルネ・ソーヴィニヨン *Cabernet Sauvignon* はこんな葡萄

**主な産地**
フランスのボルドー地方、とくにメドック、グラーヴ地区の代表品種。カリフォルニア、オーストラリア、チリなどでも人気が高い。ボルドーでは他の品種とブレンドして使用されるが、その他の地域では単一で使用されることが多い。

**葡萄の特徴**
青みを帯びた黒っぽい葡萄。種子にタンニンが多く含まれている。

**ワインの色**
濃く、強い赤色から、熟成するにしたがって深みのあるガーネット色に変化していく。

**ワインの香り**
「カシス（黒スグリ）」「ブラック・チョコレート」など、食べ物のほか、「えんぴつの削りかす」「葉巻の箱」「杉」の匂いなどともいわれる。

**ワインの味わい**
タンニンの強さが特徴的。しかし、いいワインはただ渋いだけでなく、タンニンと酸味が絶妙なバランスを保っている。

**このワインで特徴をつかむ**
ボルドー（メドック、グラーヴ）の赤もいいが、カベルネそのものの味は、他の品種とブレンドせずに醸造する場合が多いチリ産などのワインのほうが、わかりやすいかも。

独特の渋みが
たまらない魅力
なんだよなあ

### まず最初にはまるのがカベルネ……らしい

カベルネ・ソーヴィニヨンは、いかにも赤ワインらしい、どっしりとした味が魅力だとぼくは思う。この品種のワインにどっぷりはまって、ワインに目覚める人が多いというが、それもうなずける。目覚めた後には、ピノ・ノワール、メルロと、それぞれに魅力的な品種が待っている。

だからこれからワインをきわめようとする人は、ひとまずカベルネから飲んで、赤ワインとはいかなる味わいかを舌に覚えさせるといいだろう。ただし、ワインから逃れられなくなっても、ぼくは知らないが……。

# 土の成分で味が変わる
## ——ブルゴーニュの代表品種

カベルネ・ソーヴィニヨンがボルドー地方の葡萄であるのに対し、ブルゴーニュ地方の主要品種が、ピノ・ノワールである。

一般には、果実味が強く、理想的に熟成された場合、トリュフなどのきのこの香りがあるといわれる。有名なロマネ・コンティは、ピノ・ノワールの最高傑作だ。

ピノ・ノワールは、育つ土壌によって出来が違うといわれている。主要産地であるブルゴーニュ地方は、いわゆるやせた土地で、石灰質、粘土質、珪酸土《けいさんど》という、成分の異なった三種の土壌が、一メートルずつ、パイ皮のように積み重なった構造をしている。石灰質の土壌からは香りのよいワイン、粘土質の土壌からはコクのあるワイン、珪酸土の土壌からは軽いワインができる。それぞれの土壌による要素が複雑に絡み合うため、葡萄の味と香り、ひいてはワインの出来も畑ごとに違う。

赤ワイン用に使われるだけではない。シャンパーニュ地方では、ピノ・ノワールによって白ワインが造られている。ピノ・ノワールを用いたシャンパンは、コクのあるしっかりした味わいになる。

ピノ・ノワールは
土の成分で
味とブ※ーケが決まる
と言われている
葡萄です

※ワインの熟成中に生まれる香り成分

## ピノ・ノワール *Pinot Noir* はこんな葡萄

**主な産地**
フランスのブルゴーニュ地方、シャンパーニュ地方など。シャンパーニュ地方では、シャンパンを造るための白ワインに使われる。ドイツ(同じ葡萄をシュペートブルグンダーというむずかしい名前でよんでいる)、カリフォルニアなどでも栽培されている。

**葡萄の特徴**
ひじょうにフルーティ。ただし、出来は土壌条件に大きく左右される。

**ワインの色**
深みのある明るい紅色。華やかな印象。

**ワインの香り**
ラズベリー、イチゴ、チェリーなどの果物にたとえられるが、熟成が進むにつれ、腐葉土、きのこ類など「土」を感じさせる香りもついてくる。

**ワインの味わい**
やや酸味が強い。タンニン（渋味）より果実味がまさる。

**このワインで特徴をつかむ**
ブルゴーニュの赤ワインが最適。ただし、ブルゴーニュの赤は品種の持ち味というより、「土地」の持ち味を味わうというほうが適当か。

ワイン界の
〝じゃじゃ馬
ならし〟だな

### ピノ・ノワールは気むずかしい葡萄

ピノ・ノワールという品種は、じつに気まぐれな品種で、育つ土地のえり好みがひじょうに激しい。ピノ好みの土地でうまく生育に成功すれば、ワイン好きをうならせ、ひざまずかせるほど甘美な名品を生みだすことができる。

こうした成功例のすばらしさに魅惑された人たちは、さまざまな土地で栽培を進めるのだが、これという成功例はなかなか造れない。けれどピノがお気に召す地を、血眼になって探す人たちの情熱が、カリフォルニアやニュージーランドなどでようやく実を結び始めている。

# コクがあるのになめらかな口あたり、飲みやすい赤になる

ボルドー地方でもとくに、サン・テミリオン地区やポムロール地区で栽培されている高級ワイン用品種が、メルロだ。有名なところでは、サン・テミリオンのシャトー・シュヴァル・ブラン、ポムロールのシャトー・ペトリュスなどが、この品種で造られている。

小さめの丸い房をした黒葡萄で、果実の熟成もワインの熟成も早め。独特の濃い赤色のワインができ、その口あたりはビロードのようななめらかさをもつ。

カベルネ・ソーヴィニヨンよりタンニンが少なめなので、コクはあるのにソフトな味わいで、赤ワインのなかでも飲みやすいタイプになる。ボルドー地方では他の品種とブレンドされるのが一般的だが、メルロはワインに丸みを与えてくれる。

ぼくにかぎらずメルロ好きは増えているようで、ボルドー地方では近年、栽培面積がひじょうに増えているという。

また、カリフォルニアなどフランス以外の国・地域で栽培されることも多い品種だ。

うん　丸味のある口あたり
豊かでなめらか……
女優で言えば
カタセ・リノの
ような……

## メルロ *Merlot* はこんな葡萄

| | |
|---|---|
| **主な産地** | フランスのボルドー地方。カベルネ・ソーヴィニヨンとブレンドされたり（メドック地区）、カベルネ・フラン（サン・テミリオン地区、ポムロール地区）とブレンドされることが多い。フランスのほか、カリフォルニアではメルロ種のみで造るワインも。 |
| **葡萄の特徴** | 果皮がやや薄く、痛みやすい。タンニンは少なめでまろやか。比較的栽培しやすいため、さまざまな国で育てられている。 |
| **ワインの色** | 濃い赤色から、熟成するにしたがい、レンガ色に近くなっていく。 |
| **ワインの香り** | カベルネ・ソーヴィニヨンに似ているが、プラムのような香りも感じられる。 |
| **ワインの味わい** | 丸みのあるなめらかな口あたりで、濃厚。 |
| **このワインで特徴をつかむ** | ボルドーなら、メドック地区のものよりサン・テミリオン地区、ポムロール地区産のほうがつかみやすい。超高級ワインでは、ポムロール地区のシャトー・ペトリュス。メルロ主体で造られるカリフォルニア・ワインも特徴をつかむにはおすすめ。 |

うまいワインがありすぎるのも悩みのタネ…

### メルロは僕のお気に入りの品種

いま、ぼくがもっとも気に入っている品種は、何といってもメルロ種だ。この品種で造られるワインはみな、濃厚なのにのどごしがまろやかで、じつにうまいと思う。

だから自分で集めるワインも自然に、メルロ種を使うことの多い地区のものになってしまう。なかでもボルドーのポムロールは、栽培品種の4分の3がメルロ種という、メルロファンには見逃せない地区だ。生産量はあまり多くないが、シャトー・ペトリュスはじめ優秀なワインがたくさんある。サン・テミリオンも、メルロ種の多さではひけをとらない。

イン選びに役立つ品種リスト

| 葡萄の特徴 | 主な産地 | 品種 |
|---|---|---|
| カベルネ・ソーヴィニヨンに似ているが、酸味やタンニンは少ない | フランスのボルドー地方ではカベルネ・ソーヴィニヨンなどとブレンド。ロワール地方では「シノン」の主要品種 | カベルネ・フラン Cabernet Franc |
| 果皮が薄めで痛みやすい。タンニンは少なめ | フランスのブルゴーニュ地方、ボージョレ地区。カリフォルニアでも栽培されている | ガメイ Gamay |
| 黒みがかった濃い赤でタンニンも豊富 | フランスのコート・デュ・ローヌ地方、プロヴァンス地方など。オーストラリアではシラーズ (Shiraz) とよばれる | シラー Syrah |
| 深い色調で、果実の香り豊か | フランス南部（ロゼワインにも使用)、スペインのほか、カリフォルニア、オーストラリアでも栽培 | グルナッシュ Grenache |
| タンニンと酸味が強く、熟成に時間がかかる | イタリアのピエモンテ州が中心。イタリアの最高級赤ワイン「バローロ」はこの品種から造られる | ネッビオーロ Nebbiolo |
| 赤みがあり、やや酸味が強い | イタリア中央部のトスカーナ地方を中心にイタリア全土で栽培。「キアンティ」の主要品種 | サンジョヴェーゼ Sangiovese |
| タンニンが少なめで渋みはおだやか | スペイン。スペインの最高級ワイン「リオハ」の主要品種 | テンプラニーリョ Tempranillo |
| 熟期は遅く、着色がまばらになりやすい | カリフォルニア特有の品種。赤だけでなくロゼも造られる | ジンファンデル Zinfandel |
| 湿度に強く、果皮は黒っぽい | 日本 | マスカット ベリーA Muscut Bailey A |

| ワインの味わい | ワインの香り | ワインの色 |
|---|---|---|
| 渋み、酸味が少なくやわらかな感じになる | 青野菜のような風味といわれる。ピーマン、ジャガイモの皮などと表現されることも | 厚みのある、少し黒みがかった赤 |
| 酸味を基調にした軽やかな味わい | イチゴやチェリー、新鮮な葡萄など、果実の風味豊か | 紫がかった赤。若々しい色合い |
| タンニンが多く、アルコール度も高めの、スパイシーな骨のあるワインに | ラズベリー、ブラックカラントなど果実の風味と、香辛料、なめし皮などとも表現される野性的な香り | 全体的に黒っぽく深い赤 |
| アルコール度が高めで濃厚だが、まろやかな味わい | 胡椒、ハーブなど、スパイシーな香りとともにラズベリーのような果実の風味も | ややオレンジがかった深みのある赤 |
| 酸味とタンニンに富むコクのある味わい。長期熟成型のワイン | スミレやバラなど、花の香りとともに、ビター・チョコレート、タールとも表現される個性的な香りも | 黒に近い深く、濃い赤 |
| タンニンはやや弱いが、酸味のあるアルコール度が高めの長期熟成型のワイン | 野生のチェリーなど、果実の香りと、香辛料、ハーブなどスパイシーな風味も | 他の品種と混ぜられることが多く、熟成期間によって鮮やかな赤から黒みがかった赤までさまざま |
| まろやかで口あたりがよく、アルコール度が高め。かすかな酸味も感じられる | 熟成するにしたがって花のような香りがでてくる。若いワインは香りが弱い | 褐色がかった深い赤 |
| 軽いフルーティなものから、長期熟成型の濃厚なものまでさまざま | ブラックベリーのような果実の香り | ロゼから赤黒いものまでさまざま |
| タンニンはやや強く、酸味は軽い | 葡萄のジュースのような香り | 深みのある黒っぽい赤 |

# あの〃シャブリ〃の原料になる白ワインの代表品種

白ワイン用の代表品種は、シャルドネである。ブルゴーニュ地方やシャンパーニュ地方の主要品種だが、南フランスでも栽培されるほか、世界的に人気がある。カリフォルニアやオーストラリアなどでも盛んに栽培され、すぐれたワインが造られている。

果実は小粒で、黄緑色から琥珀《こはく》色をしている。この果実からできるワインの色は、造り方や地方によって、無色から黄金色まで千差万別だ。味わいも、酸味のさわやかなものから、ソフトでコクのあるものまでさまざまである。

どのタイプにしても、樽熟成を行うことにより、より豊かな風味と質感のワインに仕上がる。しかし最近では、ステンレスタンクで熟成されたワインも人気がある。樽熟成のものよりフレッシュ、トロピカル・フルーツのようなさわやかさが、人気の要因になっているようだ。

が、やはりシャルドネを原料としたワインの白眉《はくび》といえば、ご存知のシャブリだ。シャルドネの酸味が生き生きと伝わる、秀逸の辛口白ワインである。

どうだ
これから　うちで
飲まないか
とびきりの
※モンラッシェが
冷やしてある

※シャブリがあまりにも有名だが、シャルドネから造られる白ワインの王様は、モンラッシェだといわれる。同じくブルゴーニュ産のコクのあるワインだ。

## シャルドネ *Chardonnay* はこんな葡萄

**主な産地**
フランスのブルゴーニュ地方（シャブリ地区など）やシャンパーニュ地方、ロワール地方の一部。カリフォルニア、オーストラリアなど世界各地で栽培されている。

**葡萄の特徴**
一般的に、涼しい気候を好む。果皮と果肉の実離れが悪い。

**ワインの色**
造り方、生産地によってさまざま。

**ワインの香り**
リンゴや柑橘系の果物、樽熟成のものはバニラのような香りがある。また、「火打ち石」とも称されるミネラル分に富んだ香りも。

**ワインの味わい**
酸味とコクのバランスがとれたワイン。高級なものほど、熟成によって風味が増して味わい深くなるものが多い。

**このワインで特徴をつかむ**
シャブリ地区はもちろん、同じくブルゴーニュ地方のコート・ド・ボーヌ地区でも、すぐれたワインが産出されている。

シャルドネ＝
シャブリ産…
ばかりじゃ
ないんだよね

### 産地や造り手の個性にそまりやすい ニュートラルな性格

シャルドネが、バラエティに富んだ味と香りのワインを生みだすのは、もともとこの品種は果実味がそれほど強くない、ニュートラルな性格をしているからだ。個性を誇張しすぎないからこそ、オークの香りが加わる樽熟成を行うことで、より複雑な風味に仕上がるし、産地や造り手の個性が味に反映されやすい。

シャブリだけでなく、いろいろなタイプの白ワインを飲んでみて、シャルドネの幅広さを存分に味わってみるのも楽しい。

# 果実の風味たっぷり、ドイツワインの味わいを生む

ドイツワインといえば、少し甘めの白ワインというイメージがあるのではないだろうか。このイメージは、リースリングという品種によるところが大きい。

リースリングは、ドイツの白ワインの主要品種で、その果実は小粒で房も小さい。おもにライン川流域などで栽培されているが、なかなか気むずかしい品種で、土壌のえり好みが激しい。寒さには強いのだが、高地や、日あたりがよくない斜面、雨の少ない土地などでは、良質の果実がつきにくい。だから南斜面という、栽培畑のなかの一等地を与えられていることが多い。

良質のリースリングは、エレガントで生き生きとした、果実風味豊かなワインを生みだす。若いときはリンゴのような酸味があるが、熟成するにしたがって味は複雑になり、甘みと酸味がバランスのとれたワインに仕上がっていく。

ワインのフルーティさを存分に味わいたければ、この品種のワインが最適といえるだろう。

リースリングはドイツワインの代表的な品種です
同じリースリングでも極甘口のものから辛口に仕上げたものまでいろいろあります

## リースリング *Riesling* はこんな葡萄

**主な産地**

ドイツ、フランスのアルザス地方、カリフォルニア、オーストラリア、南アフリカなど。ホワイト・リースリング、ヨハニスベルク・リースリング、ライン・リースリングなどと呼ばれることもあるが、みな同じ品種をさしている。

**葡萄の特徴**

比較的寒さに強い。果皮が薄く細菌による貴腐化を起こしやすい。貴腐化した葡萄を使うと甘口のデザートワイン（貴腐ワイン）になる。

**ワインの色**

淡い黄色（貴腐ワインは濃い色になる）。

**ワインの香り**

花や青リンゴ、柑橘系の香り。熟成するにしたがって複雑さを増していく。

**ワインの味わい**

甘みと酸味のバランスがとれたワイン。産地によって、甘味・酸味の強弱はかなり違う。

**このワインで特徴をつかむ**

ドイツにせよ、アルザスにせよ、テーブルワインでないかぎり品種名がラベルに記載されている。「Riesling」の文字に注目して選ぼう。

同じ品種でも
産地による差が
大きいわけだ

### ドイツのリースリングに物足りない人は他の産地ものに挑戦してみよう

リースリングのフルーティさは好きだけど、ドイツワインにはちょっと飽きたかなと思ったら、他の産地のリースリングワインを味わってみたらどうだろう。

たとえば、フランス・アルザス地方のリースリングは、ドイツワインとは少し違った雰囲気が味わえる。ドイツでは甘めのワインが主流だが、アルザスではアルコール度が高めですっきりした酸味のある、繊細な辛口ワインが造られている。

フルーティな香りから蜂蜜の香りまで、産地によって風味の異なるワインがあるので、いろいろと飲み比べてみよう。

key word 31 白／ソーヴィニヨン・ブラン

# 〝刈ったばかりの芝生の香り〟、緑香る人気の品種

個性的な香りを売り物にしているのが、フランス・ロワール地方とボルドー地方を中心に栽培されている、ソーヴィニヨン・ブランである。

その香りは、さまざまな言葉で表されている。いわく刈ったばかりの芝生の香り、いわく麦わらの香り、いわくアスパラガスやピーマンの香り……。これらを集約すると、植物系の香りということになる。ソーヴィニヨン・ブランは、緑香るワインというわけだ。加えて、煙っぽい（スモーキー）といわれる、燻《いぶ》したような香りもある。そのためアメリカでは、煙という意味のフュメ・ブランと呼ばれている。

ときに、〝猫のおしっこの匂い〟なる、ありがたくない表現をされることもあるが、これも否定的な意味ではない。要するに個性的なのである。個性的だが、とっつきは悪くない。実際、世界的に人気が高い。

この品種独特の味わいを存分にいかすため、とくにロワール地方などでは、オーク樽での熟成は行わないのが普通だ。しかし温暖な栽培地や、他の品種とブレンドしてワイン造りをする場合には、樽熟成することで、たいへん繊細で豊かな味と香りのワインを造り上げることができる。

## ソーヴィニヨン・ブラン *Sauvignon Blanc* はこんな葡萄

**主な産地**
フランスではロワール地方とボルドー地方が中心。イタリア、スペインでは他の品種とブレンドして使用されることも多い。ヨーロッパ以外、たとえばカリフォルニアでも人気の品種。

**葡萄の特徴**
やや温暖な気候を好む。

**ワインの色**
やや青みのある淡い黄色のものが多いが、造り方、生産地によって色調に違いがある。

**ワインの香り**
青々としたさわやかな香り。スパイシーな香りも感じられる。

**ワインの味わい**
ほどよい酸味でフルーティ。辛口のものから甘口のものまで、バラエティに富む。

**このワインで特徴をつかむ**
ロワール地方では「サンセール」「プイイ・フュメ」など、ソーヴィニヨン・ブランだけを使ったワインが多い。一般に若いうちのほうが葡萄の持ち味がでやすい。

名前は似てても
別もの…
ワイン以外にも
よくあるよな

### ソーヴィニヨン・ブランにはにせものがある

世界的に人気の高い品種なので、世界各地で栽培されているが、なかには本当にソーヴィニヨン・ブランなのかどうか、疑問視されているものもある。

たとえばチリで造られているこの品種のなかに、ソーヴィニヨン・ヴェールやソーヴィニヨナッスと呼ばれるものが混じっているのではないかとの意見がある。これらは、ワインの原料となるには貧弱な、ごく平凡な品種なのだ。

真相は定かでないが、人気ブランドににせものはつきもの、にせものの存在は人気の証《あかし》ともいえる。

| 葡萄の特徴 | 主な産地 | 品種 |
| --- | --- | --- |
| 汁気が多く、果皮は厚め | フランスのブルゴーニュ地方、アルザス地方、イタリア北部、ドイツ、東欧など | ピノ・ブラン Pinot Blanc |
| 果皮が薄く、貴腐葡萄（key word 33参照）になることもある | フランスのボルドー地方、ソーテルヌ、バルザック、グラーヴ地区。ソーヴィニヨン・ブランとブレンドして使用 | セミヨン Sémillon |
| 緑色がやや強く、果皮は薄め。フォーティファイド・ワイン（酒精強化ワイン）の原料とされることが多い | フランスのアルザス、ローヌ地方や南部。イタリアではモスカート（Moscato）とよばれ、ほぼ全域で栽培される | ミュスカ Muscat |
| 〝ゲヴュルツ〟は香辛料の意味。その名のとおり個性的な香りをもつ | ドイツ、フランスのアルザス地方、カリフォルニア、オーストラリア、東欧など | ゲヴュルツトラミネル Gewürztraminer |
| 早い時期に熟成し、生産量も多い | ドイツで開発された、リースリングとシルヴァーナーの交配品種。中級のドイツワインの主体品種 | ミュラー・トゥルガウ Müller-Thurgau |
| マスカットに似た香りをもつが、個性に乏しく酸味もあまりない | ドイツ、フランスのアルザス地方、カリフォルニア、イタリア北部、スイスなど | シルヴァーナー Silvaner |
| 果皮は薄い | フランスのロワール地方。同名のワインも造られている | ミュスカデ Muscadet |
| 早熟 | フランスのロワール地方のほか、南アフリカでも栽培されている | シュナン・ブラン Chenin Blanc |
| 薄い紫色の果皮をしている | 日本（山梨） | 甲州 |

| ワインの味わい | ワインの香り | ワインの色 |
|---|---|---|
| 繊細な酸味のある極辛口のワインができる | 硬質な感じ | 黄色がかった薄緑色 |
| 辛口仕上げと、甘口（貴腐ワイン）で異なるが、酸味は少ない | 辛口に仕上げられる場合には柑橘系の香り、甘口の貴腐ワインは蜂蜜の香り | 熟成するにしたがい黄色から黄金色に。貴腐ワインでは熟成とともに褐色に近くなる |
| 果実味のあるさわやかな甘みのあるワインになる | 生食用のマスカットの香りが強い。酒精強化ワインではレーズンの香りも | 飴色に近い黄色 |
| 酸味は少なくまろやかな口あたり。濃厚で凝縮された味わい | ライチ、バラの花など甘い香りとともに、スパイシーな香りも感じられる | 黄色がかった薄緑色 |
| やわらかな酸味と甘みを感じさせる。長期熟成タイプではなく、若いうちに飲むのが適当なワイン | マスカットに似た香り | 薄い黄色 |
| さらっとした軽い味わい | 香りは弱い | 透明に近い黄色 |
| 心地よい酸味の極辛口でフルーティ | リンゴなど、新鮮な果実の香りを感じさせる | 透明に近いものから、やや黄色みを帯びたものまで |
| 軽く、すっきりした甘みのあるワイン | 蜂蜜やメロンなど、甘みを感じさせる香り | 透明に近い |
| ほのかな酸味と甘み | 香りは弱い | 透明に近い |

# カビだらけの葡萄が極甘口ワインに変身する

食後に飲む甘いデザートワインのきわめつけともいえるものに、「貴《き》腐《ふ》ワイン」がある。原料は「貴腐化」した葡萄、貴腐葡萄である。果皮の薄いリースリングやセミヨンなどの葡萄の果皮に、ボトリティス・シネレアという細菌がつくと、この菌は果実の水分を蒸発させてしまう。あわれ果実は干からびてしわくちゃになり、そのまわりには細菌の胞子が伸びて、一面カビだらけの状態になる。

姿だけ見ると、捨てるしかないような葡萄だが、じつは果実のなかでは、細菌による多様な反応が起こっている。その結果、糖度が高くなり、健康な葡萄にはない成分が組成されていく。だから貴腐葡萄からは、あまーく複雑な味わいのワインができあがるのだ。

この細菌は、黒葡萄につくとカビによる病気を引き起こすし、葡萄が成熟する前に付着するとやはり病気を引き起こすやっかいものである。しかも貴腐葡萄は、夏は晴天が続き、収穫までの間は朝もやが立ち、午後は晴れるという、厳しい気候条件をクリアしないと造ることができない。だからこそ、貴腐ワインは貴重な一品なのである。

まさに「酔生夢死」の境地なのだ

## 甘美、陶酔、快楽……失神

ぼくが貴腐ワインを初めて飲んだのは、結婚まだ間もない頃。ワイン頒布会で送られてきたもののなかに、1本入っていたのだ。あのトロリとした飲み口は、何とも表現のしようがないなあと思ったものである。

デザートワインなので、ぼくが貴腐ワインを飲むときは、すでに他のワインがたっぷり入っていて、もうヘロヘロの状態。そんなところにあまーいワインを口にすると、まさに〝甘美、陶酔、快感、そして失神！〟。飲むときは、失神に注意しよう……？

## まだまだある、あまーいワインを造る天然パワー

極甘口なら、なんといっても貴腐葡萄から造られる貴腐ワインが最高峰。フランス、ソーテルヌ地方の貴腐ワインと、ハンガリーのトカイ地方で造られるトカイ・アスー・エッセンシア、そして、ドイツのトロッケンベーレンアウスレーゼは、世界三大貴腐ワインとして珍重されている。

しかし、偶然の産物である貴腐化以外にも、ワインを甘くする秘密はある。

### 太陽

強い日差しは葡萄を成熟させ、糖度を上げる。葡萄自体のもつ糖度の高さをいかして造られる代表的な甘口ワインは、ヴァン・ドゥー・ナチュレルやヴァン・ド・リキュール（ともに赤ワイン）。葡萄のもつ糖分が、すべてアルコールに変化しないうちに発酵を止め、糖分を残すので甘口になる。

### 乾燥

収穫した葡萄を陰干しし、「半干し葡萄」の状態からワインを造ることもある。当然、水分がとんで葡萄の糖分は上がっている。

イタリア、ヴェネト州で造られるレチョートなどがこのタイプ。極甘口にはならないが、甘めのワインになる。

カビ・パワーが生む貴腐ワインのなかでも、とくに評価の高いシャトー・ディケム（フランス・ソーテルヌ地方産）。その始まりにまつわる逸話は、137頁で紹介している。

### 凍結

寒冷地では、収穫時期に寒波が押し寄せ、葡萄の房が凍ってしまうことがある。葡萄のなかの水分が表面に凝結し、果皮のなかは糖分の割合が多くなっている。

そこで、凍結がとけないうちに摘み取り、これを圧搾する。すると糖度の高い果汁がとれ、甘みの強いワインができる。

ドイツでは凍結状態で収穫した葡萄から造ったワインを「アイスヴァイン」とよび、貴腐ワインに次ぐ高級品としている。

## key word 34 ワインの生産地

# 平均気温一〇～二〇度の地でワインは生まれる

　ワインは世界各地で栽培されているが、ワイン用葡萄は植物であるかぎり、生育に適した地とそうでない地がある。

　葡萄の生育に適しているのは、年間平均気温が一〇～二〇度の温暖な地域。これにあてはまるのは、北半球の北緯三〇～五〇度近辺と、南半球の南緯二〇～四〇度近辺だ。世界地図の北と南に、二本の生育適地ベルト（ワインベルト）ができることになる。

　もちろんよい葡萄を育てるには、気温以外にも条件がある。葡萄の開花から収穫までの日照時間が一二五〇～一五〇〇時間あり、年間降雨量が五〇〇～八〇〇ミリ程度の土地が適している。

　日本を含め、このような条件にあてはまる約五〇カ国で葡萄の栽培およびワイン造りが行われているが、フランス、ドイツ、イタリアなどのヨーロッパで、世界総生産量の七〇％を造りだしている。

　最近は、アメリカ、オーストラリア、ニュージーランド、チリ、アルゼンチン、南アフリカなどがワイン造りに力を入れており、ヨーロッパ産に対し、〝ニューワールド〟産のワインとして人気を博している。

「適材適所」で
うまいワインが
造られるんだね

### 太陽の恵みが葡萄の色を決める

　葡萄の生育条件を満たしていても、比較的寒い地方と暖かい地方では、葡萄の色づきが異なる。太陽の恵みが少ない寒い地方では、葡萄の色づきが悪く、黒い果皮の葡萄はできにくい。そのため質のよい赤ワインを造るのはむずかしいが、寒さが葡萄の豊かな酸味を引きだすので、良質の白ワインができる。

　温暖な地方では反対に、色も糖分も濃い葡萄ができ、よい赤ワインができるが、良質の白ワイン造りはむずかしい。

　産地によって栽培される葡萄やワインに特徴があるのは、このような理由があるからだ。

## ワインベルトは北と南に１本ずつ

**●ヨーロッパ**
中心は、天候、地形、地質に恵まれた、フランス、イタリア、ドイツ、スペインポルトガル。

**●アメリカ**
カリフォルニアなど温暖な気候の太平洋沿岸が、生産の中心となる。

**●日本**
ワイン醸造用の葡萄栽培が行われているのは、山梨県、長野県など。

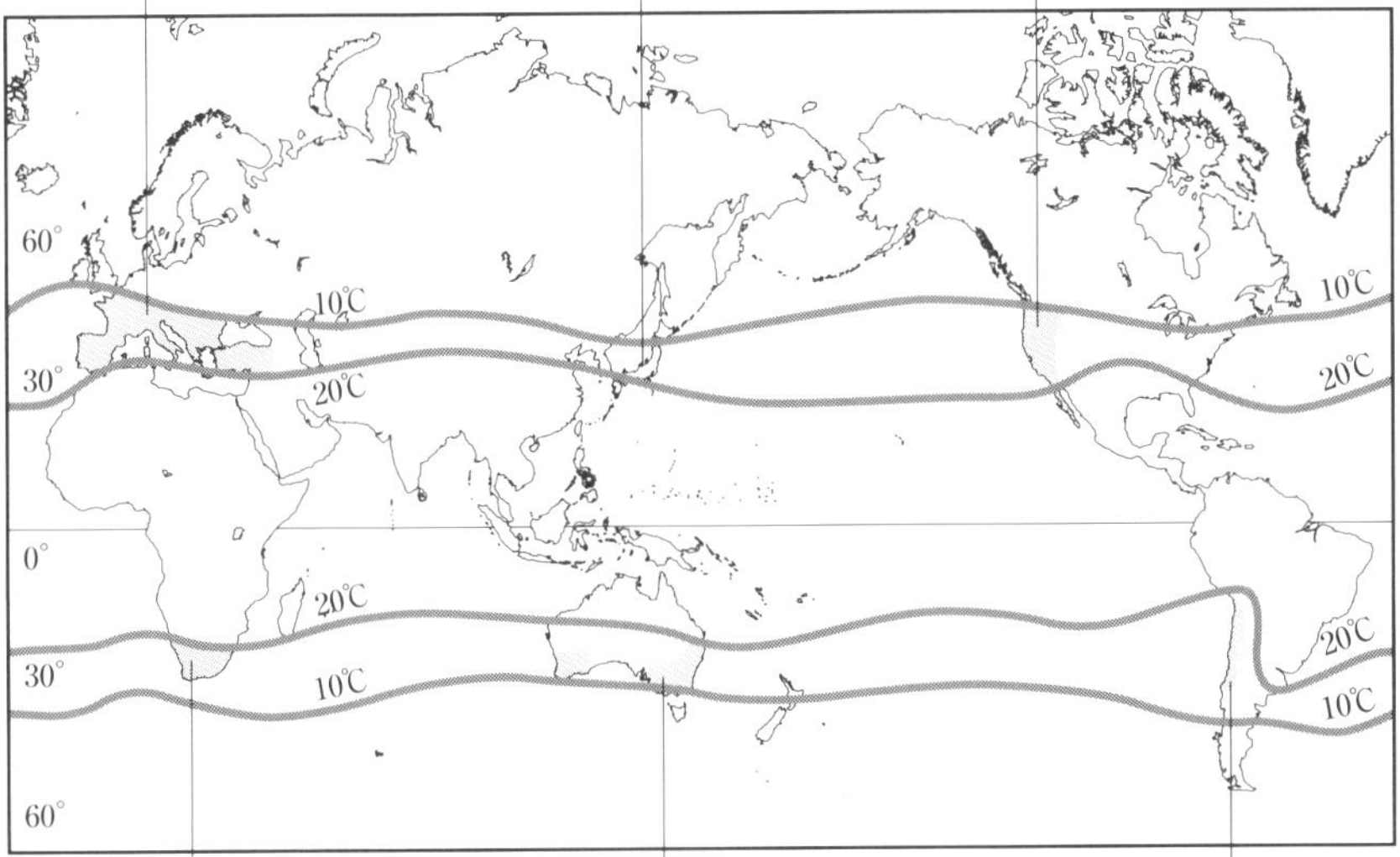


**●南アフリカ**
イギリスの植民地時代以来、ワイン生産には300年の歴史がある。

**●南米**
チリのワインが有名だが、アルゼンチンでもワイン輸出が増えてきている。

**●オーストラリア／ニュージーランド**
比較的、歴史は浅いが、ヨーロッパ系の葡萄が各種栽培され、ワインが造られている。

# やせ畑で必死にがんばる葡萄ほどいい味をだす

農作物はふつう、養分をたっぷり含んだ畑で育ってこそ、豊かな実りをぼくらに与えてくれる。ところが、ワイン醸造用の葡萄だけは少し事情が違う。

葡萄の木は、栄養がよすぎる土地で育つと、枝葉が育ちすぎてしまう。そのため実にいく養分が少なく、貧弱な果実しかできないのである。根も太って、短いままだ。

葡萄は、むしろやせた、水はけのよい土地のほうが良質の果実をつける。栄養が少ないやせた畑では、葡萄は苦しがって水と栄養を求め、必死になって土中深くへと根を張っていく。その結果、さまざまな地層の栄養分が絡み合った、複雑なニュアンスの味を身につけていくのだ。

このような葡萄のけなげさを思うと、良質ワインの味がより深まって感じられるのではないだろうか。

また畑の土壌を構成する砂、砂利、石灰、土壌に含まれるミネラル分などによって、果実の風味は微妙に異なり、それがワインの味にも影響を与える。地域によってワインの味が変わるのは、このためなのである。

なるほど
苦労しない奴は
ブクブク太って
ダメになる
人間と
似てるな

## 小さな条件の差が大きな味の差に

同じ地域で造られるワインにも微妙な味わいの差がある。土壌の違いはもちろんのこと、複数の自然要素が相互に作用しあいながら生みだされる気候条件の違いもまた、葡萄の生育に影響を及ぼす。ミクロクリマ（微気候）といわれる小さな気候条件の差が、葡萄の味わい、ワインの味わいにも関係してくるのだ。

### 1 畑の高度

100メートル高度が高くなると、気温は0.5〜１度、低下するといわれる。畑が低地にあるか、高地にあるかによって葡萄の生育条件は異なってくる。

### 2 土地の傾斜

葡萄の生育に、太陽の恵みは欠かせない。日の光を存分に利用するために、緯度が高い地域では急斜面に畑を造ることが多い。

斜面に造られた畑の場合、一般に高い位置のほうが水はけがよく葡萄栽培に適しているが、高すぎると、気温が低下しすぎるという問題が生じることもある。

### 3 日あたり

気温が高くなりすぎないかぎり、日あたりはよいにこしたことはない。北半球なら、当然、東から南向きの斜面に造られた畑が理想的。

### 4 川の有無

河川は暖まりにくく冷めにくいという性質がある。だから、近くに河川のある葡萄畑は、激しい気温の変化にさらされにくい。

また、適度な湿度を与えることから、ドイツやフランスのソーテルヌ地方などでは、貴腐菌の繁殖が促進され、葡萄の貴腐化を進めてくれるというメリットもある。

### 5 森林の有無

森林は、強い風から葡萄の木を守る防風林の役目を果たしてくれる。また、適度な雨をもたらしてもくれる。

## key word 36 ヴィンテージ

# あたり年・はずれ年は天候で決まる

ワインの原料になる葡萄がとれた年、収穫年をヴィンテージという。

葡萄は、天候の良し悪しで味が左右される。よい天気が続いた年は、「あたり年」といわれる。葡萄がよく熟し、糖度が高くなって濃厚な味のワインができる。反対に天候に恵まれなかった年、「はずれ年」には、酸味の強い葡萄になり、味わいが軽めになる。

では、はずれ年のワインはまずいかといえば、そうともいえない。あたり年・はずれ年というのは、あくまで葡萄の出来の評価。よい葡萄だからといって、いいかげんな造り方をすれば良質のワインはできない。逆に、あまりよくない出来の葡萄でも、造り手のウデでカバーできる面もあるし、年次の表示はできなくなるが、良年の葡萄をブレンドすることで、糖度と酸味のバランスがとれたワインになることもある。

ただし、はずれ年や、ブレンドしたワインを長く寝かしておいても、味わいの向上は期待しにくい。一方、よいヴィンテージの高級ワインは、一般的にいって熟成に時間がかかる。ヴィンテージを手がかりに、そのワインの飲み頃（一一二頁参照）をはずさず、楽しみたい。

ぼくの誕生年、
四七年ものも
コレクションの
ひとつ…

### ぼくが'82年ものを集める理由

ボルドーの'61年ものの赤ワインはすごいと聞いているので、ぜひ手に入れたいものだと願っているが、さすがに品薄で手に入らない。

そのかわりぼくが集めているは、'82年もののボルドーの赤ワインだ。'61年は飲み頃を少し過ぎているので、今や最高の年は'82年といわれている。

さらに、この年はわが娘が生まれた記念の年でもある。集めたワインには、なかなか手がつけられないが、いずれやってくるだろう彼女の結婚式に開けようと、密かに楽しみにしている。

## あと10年は楽しめるあたり年の高級ワイン

高級ワインの場合、あたり年のものは長期熟成によって味わいの向上が期待できる。ここでは、フランスワイン（ボルドー地方・ブルゴーニュ地方）を例に、近年の良好年をあげておく（表中の★印はとくに評価の高い年）。

とくに触れられていない年のものは、すでに飲み頃を迎えているか、寝かしておく価値のない年。入手したら早めに飲みきろう。

| ボルドー | | ブルゴーニュ | |
|---|---|---|---|
| 赤 | 白（甘口） | 赤 | 白 |
| 1999<br>1998<br>1997<br>1996<br>1995<br>1994<br>1993<br>1990 ★<br>1989<br>1988<br>1986 ★<br>1985<br>1982 ★<br><br>・この他、1961年は今世紀最高のあたり年の１つといわれる。40年を経た今なお、楽しめるものもある。 | 1990<br>1989<br>1988<br>1980<br><br>・辛口白のほとんどは、ヴィンテージにかかわらず、フレッシュなうちに飲むべき。<br><br>・甘口白（ソーテルヌ地区）の最良品は、あたり年のものほど熟成に時間を要する。 | 1998<br>1997<br>1996<br>1995<br>1994<br>1993<br>1992<br>1991<br>1990 ★<br>1989<br>1988 ★<br>1986<br>1985<br>1983<br><br>・ボルドーの赤に比べ、早いうちに飲み頃を迎えるものが多い。 | 1998<br>1997<br>1996<br>1995<br>1992<br>1990<br>1989 ★<br><br>・一般に白は赤よりも熟成期間が短い。寝かしておくのは、最高で10年くらいと考えておく。 |

＊同じ年にできた同じ地域のものでも、飲み頃の評価はワインによって異なる。表中の年のものでも、入手次第、早めに飲みきったほうがよいものもある。

資料）SOPEXA（フランス食品振興会）、『ポケット・ワインブック　第３版』ヒュー・ジョンソン著、『ワイン・ヴィンテージ案内』マイケル・ブロードベント著、『ボルドー　第３版』ロバート・M・パーカーJr. 著

すごーい!!
'90年のラトゥール
※

※シャトー・ラトゥール。ボルドーの赤ワインを代表する銘柄の１つ。

# 人の個性がワインの味わいを左右する

ワインの造り手とは、葡萄を栽培し、醸造する人のことをいう。

葡萄という植物は、自然が人間に与えてくれた恵みだ。けれども、自然のなかで混成していた葡萄の木を、その土地に合った品種に選り分け、育て上げてきたのは人間だ。温度のコントロール、かもし（一〇二頁参照）の時間の調整といった醸造技術をきわめてきたのも、ぼくら人間だ。自然条件という絶対的な枠組みはあっても、最終的にそのワインの味を仕上げていくのは造り手なのである。

だからワインの味には、造り手の感性や個性が、如実に現れてくる。

とくに注意したいのは、一つの葡萄園を複数の人が所有しているケースが多いブルゴーニュワイン。この場合、同じ土地、同じ品種を使っているのに、所有者によってワインの味わいが異なる。それぞれ造り手による個性がにじみでるのだ。

だからこそ、造り手を意識して選ぶことも、いいワインに到達するためには必要といえる。ラベルに記された生産者の名前をチェックする習慣をつけたい。

「はずれ」があるから「あたり」の感動が大きい…ともいえるよね

## 大量生産できないからこそおもしろい

ワインは葡萄の品種やその年の出来具合などで、醸造法を微妙に調整しながら造るため、コーラのように均一の味のものを大量生産するというマネはとてもできない。できたとしても、味は平板に違いない。出来・不出来の差があることが、ワインならではのおもしろさでもある。

もっとも、ワインの世界も科学の力を無視しているわけではない。たとえばボルドー地方では、科学的技術を導入することで葡萄の出来・不出来をカバーし、品質の安定をめざしている。それでもなお、それぞれに個性的なのがワインのすごさだ。

## それぞれの人にそれぞれのこだわりがある

糖度を上げるために
よそより50cmくらい
葡萄の木を高くしています
だから熟成に耐える
いいワインができます

畝《うね》にワラをしくなど
土壌を改良した
おかげで
私の畑のワインの
評価は上がった
のです

うちのワインは
10年は瓶熟成
させてから
出荷します
早く市場に
出てしまうと
それを買った客は
おいしくなる前に
飲んでしまうことに
なりますから

凄《すご》いわ……
それほど
こだわって
造られる
ワインだから
こんなに
素晴らしいのね

葡萄の栽培から醸造に至るまで、「造り手」のこだわりがワインに反映する。気に入ったワインはラベルをとっておき、そこに記された名前（人名、メーカー名）を覚えておくといい。

## key word 38 テイスティング

# 「味見」は舌だけでなく目と鼻も使う

基礎的な知識を手に入れたら、何はともあれワインを実際に味わってみよう。ワインの鑑定などという、こむずかしいことなど考えなくていい。このワインはどのような個性をもっているのか、自分の目と鼻と舌で、確認してみるのだ。

テイスティング――ひらたくいえば味見なのだが――で着目するのは、「外観」「香り」「味わい」の三点である。

まずは飲む前に色や透明度、粘度など、ワインの外観を目でチェックする。次に、グラスから立ち昇るかすかな匂いをかいで、その香りを感じてみる。最後に、いよいよワインを口に含み、舌でころがすようにして味わってみるのだ。

以上のチェックポイントをより正確につかむためには、グラスは脚のあるチューリップ型の透明のもので、できるだけ装飾のないものを選びたい。色を見るためには光も大切。蛍光灯の下だと、本当の色とちょっと違って見えてしまう。ワインの香りを打ち消すような臭い（タバコなんぞが最たるものか）が漂っている場所も、できるだけ避けたい。

評価…というか
「感想」は
自己流でOK！

### 〝これぞ〟というワインこそじっくりテイスティングする

ワインもいろいろなので、ごくごく飲んで気軽に楽しめばいいものもある。でも、悩んで選んだり、値がはるものであれば、じっくりと味わい、その個性を五感にたたきこんで記憶しておくといい。いろいろなワインを飲んでいるうちに、ワインごとの個性の違いが、よりはっきりとわかってくる。

というぼく自身は、それほど舌が敏感なわけでもないので、最終的な評価は、「うまい、うまくない」「ぼく好みの味、そうでない味」いう、きわめて個人的なもの。素人《しろうと》は、それで十分だとぼくは思っている。

## さまになるテイスティングの仕方

グラスに4分の1くらい
ワインを注ぎ…

外観を見る

うむ
いい色だ

グラスを回しながら
香りを確かめ…

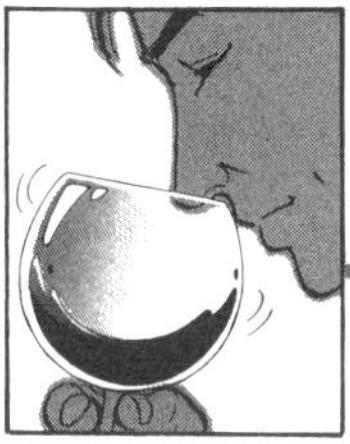

口に含む

舌の上でころがすように味をみて…

んー
クチュ
クチュ

ズズズ

唇を閉じるようにしてズズズと空気を吸い込むと、口のなかで香りや味わいがふくらみ、より効果的に味わえる。ただし、音がでるのでレストランではさけたい方法。

うん
これもうまい
口あたりも
いい

ゆっくりと飲み込んでのどごしを味わい、
余韻を楽しむ

key word 39 外観

# 色香があって足がきれい……これ、ワインの話

テイスティングをするときはまず、グラスに四分の一程度ワインを注ぐ。けちなようだが、ワインの量が多すぎると、あとでグラスを回すときにこぼれてしまうのだ。そしてグラスを手に持ち、四五度くらいに傾けて、ワインの色を観察する。このときグラスのバックに、テーブルクロスやナプキン、紙など白いものがあると、判断しやすい。

観察ポイントの一つは、色の濃淡と清澄度である。色の濃淡で、フレッシュタイプなのか熟成タイプなのかなどがわかる。清澄度、つまり濁りがあるかどうかで、品質の良し悪しがある程度判断できる。

次に、軽くグラスを回して、グラスの内壁を伝って落ちるしずくを観察する。このしずくを、ワインの足（あるいは涙）という。足が速い、つまりしずくが早く落ちる場合は、ワインの粘度が低いことを示している。反対に、足が遅い場合は粘度が高い。粘度が高いのは、グリセリンなどのエキス分を多く含むためで、良質ワインの証といえる。

シャンパンやスパークリング・ワインでは、気泡の具合もチェックしよう。いつまでも細かい泡が昇りつづけるものが、よいワインである。

ほら　こうやって光にかざして見るとグラスの内側をゆっくりとワインが落ちてくるのが見えるでしょうこれを我々は〝足〟と呼びます
この足がゆっくりのびるほどアルコール度が高く長期熟成に耐えるいいワインになれるということですね
なるほど

## 色と濃淡を見極める

### 赤ワインは色と濃淡で質がわかる

葡萄の品種によって色あいは異なるが、深い赤色は、タンニンなどの天然成分が多く含まれた、良質のワインであることを示している。反対に色が薄い場合は、急いで醸造されたり、完全に熟していない果実を使ったりして造られた、あまり質のよくないワインだといえる。熟成しすぎたり、劣化したワインは、色が薄くなったり、黄褐色を帯びている。

### 白ワインは熟成するほど深い色に

白ワインでは、色の濃さは品質の決定条件にはならないが、一般に若いときは色が薄く、熟成するほど色が濃くなる。褐色になっているときは、熟成のしすぎか劣化している。

グラスを傾け、
ワインのふちの
色を見る。

赤ワインでは、底に沈んだ澱《おり》がグラスに入り、濁って見えることがある。しかし澱のない白ワインに濁りが見られたら、ボトルの管理が悪いなどで、ワインが変質している可能性がある。

# 会いの第一印象を切にしたい

熟練者になれば、ワインの香りだけで熟成度や葡萄の品種がわかるといわれるほど、ワインの香りは重要な情報源だ。

香りをみるときは、最初にグラスに鼻を近づけて簡単に香りをかぐ。このときに感じられるのは、「アロマ」と呼ばれる、葡萄の果実そのものがもっていたり、発酵中に生まれてくる果実の香りだ。果実の香りがくっきりと感じられるものほど、良質のワインである。

次に、グラスの底をテーブルにつけたまま、大きく渦巻き状に回転させる（これをスワーリングという）。こうすることでワインが空気に触れて、眠っていた香り成分が蒸発して立ち昇ってくる。このときの香りは「ブーケ」といい、ワインとして成熟していく過程で生まれる香りである。スワーリングをしたら、ただちにグラスを鼻の近くにもってきて、クンクンと軽くかいで、ブーケを確認してみよう。

このとき大切なのは、あまり長く匂いをかがないことだ。かぎすぎると、鼻が麻《ま》痺《ひ》してしまい、香りの記憶が混乱してしまう。香りをつかむときに重要なのは、ともかく第一印象をしっかりとらえることである。

いいワインはとにかく香りが素晴らしい！

## 香りに酔った夢のような日

44頁のコラムで紹介した超豪華テイスティング会についてもう少し触れておこう。ロマネ・コンティのオーナーがもってきてくれたのは、’96年産のロマネ・コンティおよびDRC社のワイン５種。それを俳優の辰巳琢郎さん、進行役のソムリエ田崎真也さん、そしてぼくがテイスティングをしたのだ。

テーブルの前にはグラスがずらりと並び、まずは６種類全部テイスティング。次に、ロマネ・サン・ヴィヴァンをヴィンテージ順にテイスティングした。グラスに注ぐだけで部屋中、香気が漂う。あの夢のような日は、二度とないだろうなー。

# 香りは2回楽しむ

## アロマ（果実香）

アロマは、グラスに注いですぐに立ち昇る、もともと葡萄がもっている香り。葡萄品種や熟成度などによって、さまざまな香りに感じられる。

**●赤ワイン**

木イチゴ、野イチゴ、カシス（黒スグリ）などの果実のほか、ピーマンなどの野菜の香り、スミレや野バラなどの花の香り、丁字《ちょうじ》や甘草《かんぞう》などスパイスの香りなどにたとえられることが多い。

**●白ワイン**

ライム、レモン、青リンゴなど、さわやかな果実の香りが漂うことが多い。そのほかミント、バジリコ、レモングラスなどのハーブ類、ライラック、白バラ、ユリなどの花の香りにたとえられることもある。

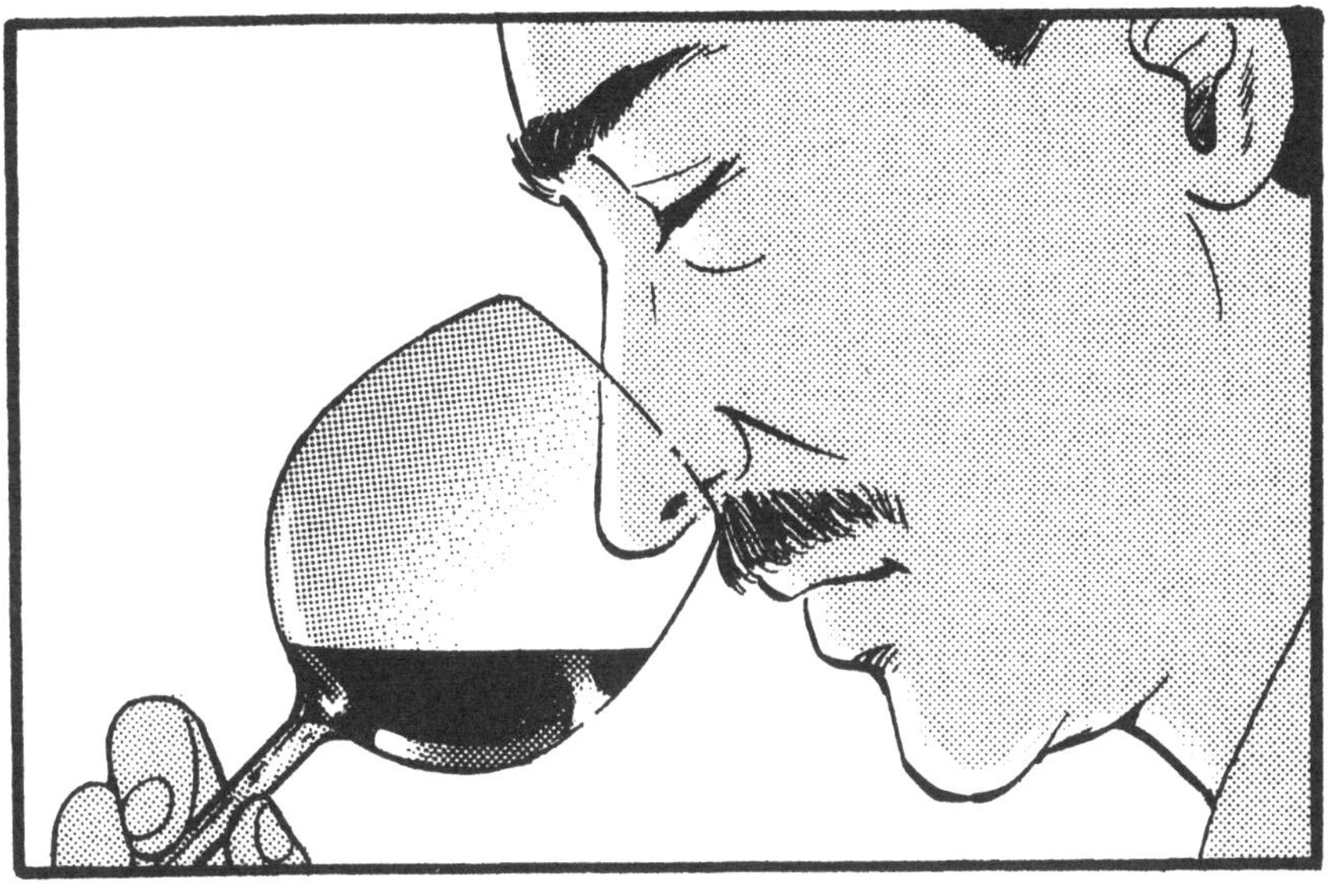

## ブーケ（熟成香）

ブーケは、ワインが空気と触れることで立ち昇ってくる香り。熟成中に生まれる成分の香りなので、熟成度や熟成の仕方などによって、じつにさまざまな香りが現れる。

**●赤ワイン**

比較的濃厚な香りで、枯れ葉、紅茶、腐葉土、きのこ、タバコ、なめし皮の香りなどと表現される。

**●白ワイン**

赤ワインより軽いムードの香りが多く、白カビ、きのこ、干し草、ドライフルーツなどにたとえられる。

# 四つの要素のバランスが味の特徴を決める

いよいよテイスティングの最終段階として、舌でワインの味わいを確認する。テイスティングではガブッと飲まず、少量（一〇ミリリットル程度といわれる）を口に含み、口のなかにゆっくりと広げていく。舌は、先端で甘みを、側面で酸味を、奥で苦みを感じる。だから舌のすみずみまでワインを行きわたらせ、舌全体で味わうのだ。

ワインの味は、甘味、酸味、渋み・苦み、アルコール度の四要素のバランスで決まる。一般に、甘味は赤ワインではあまり感じられない。酸味は白ワインで強く現れる。渋みと苦みは、葡萄の果皮や種に含まれるタンニンによるもの。とくに赤ワインの味の重要な要素になる。また、アルコール度が高いほど、コクが感じられる。それぞれの要素に分けて味を感じることで、ワインの特徴がみえてくる。

プロがテイスティングするときは、口を少しすぼめて「ズズズッ」と音を立てる。口のなかで空気とワインを混ぜて、ワインの味わいを引きだすためという。まねてもいいが品がいいとはいえない。少なくてもレストランでするのはやめておこう。

**●甘味**
発酵後に残っている糖分の量が多ければ、甘口になる。糖分をすべて発酵させてしまったワインは、辛く感じる。

**●酸味**
ワインに含まれる、リンゴ酸、クエン酸、酒石酸、コハク酸などの味。寒い地方で造られるワインほど酸味が強くなる傾向がある。

**●アルコール度**
アルコール度が高いとコクや甘味を感じるが、アルコール度自体はワインの質を決めるものではない。

**●タンニン**
若いワインは、タンニンによる渋みや苦みを強く感じるが、よく熟成されたものは味がマイルドになる。

## 口のなかのワインを評価する5つのポイント

**ボディ**
舌で感じる、ワイン全体の味の重さのことを、ボディという。いわゆる「コク」と言いかえてもいい。ボディがあるワインとは、糖分やエキス分、アルコール度などを十分に含むということでもある。味が濃厚な長熟タイプはフルボディ、軽いタイプはライトボディ、中間的なものをミディアムボディという。

**バランス**
甘味、酸味、渋み・苦み、アルコール度のそれぞれの味のバランスがうまく保たれていると、全体の味がまろやかになり、おいしく感じられる。バランスが崩れ、酸味が強すぎたり、渋みが強すぎたりすると、不快に感じられてしまう。この場合、「バランスのよくないワイン」との評価になる。

**きめ**
味わうときに舌で感じられる、ワインのなめらかさをさす。ワイン成分の粒子が細かいほど、舌の上でなめらかに感じられる。このようなワインは、きめの細かい良質のワインといえる。最上級のワインになると、「ビロードのような」と表現されるほど、舌ざわりがよい。

**切れ味**
とくに辛口白ワインでは、切れ味について評価されることが多い。良質の白ワインは、「切れ味がさわやか」などと表現される。切れ味とともに評価されるのが〝のどごし〟。きめの細かい良質の赤ワインや甘口白ワインでは、「のどごしがよい」といわれる。良質の辛口白ワインでは、「すっきりしたのどごし」などと表現される。

**後味**
テイスティング後、ゆっくりとワインを飲み干すと、口のなかにほのかな風味が残る。この風味の余韻が短いものは、それほどいいワインとはいえない。上質のワインは、心地よい風味が長く楽しめる。長く残っても不快な香りなら劣化している証拠。

これは正真正銘の凄いワインだ タンニンと酸味のバランスが完璧なまでにとれている……
あと10年もすればブルゴーニュで1，2を争うワインになることは確実だ
タンニンと酸味のバランス？
うむ タンニンは舌を乾かし 酸味は舌を湿らせる どちらが強すぎても ワインは飲みづらい そのバランスは造り手の技だ

# 「腐葉土の匂い」「馬の汗」……感じたままを表現する

「テイスティングしたワインは、どのような味わいと香りだった？」と聞かれたら、何と答えるだろうか。香りや味わいはごく主観的なものなので、人に伝えるのはなかなかむずかしいものだ。

　ワインのプロたちは、自分たちが感じたものを、いろいろな匂いや味にたとえて表現している。一般に、果実や花にたとえられることが多いが、腐葉土の匂い、なめし皮の匂い、野獣の匂いなど、強烈なイメージの言葉が使われることもよくある。ワインによっては、「汗のしみ込んだ馬の鞍」「汗まみれの運動靴」などという、いささか首をかしげたくなるような突飛な表現をされる場合もある。

　ワインの多様な表現法は、プロたちの共通言語としての意味があるが、香りは記憶しにくいので、そのワインの個性を覚えておくための手段でもあるという。だから、表現の仕方に決まりや禁忌事項はない。「こんな言いまわしは変だろうか」などと考えずに、自分が感じたことを素直に言葉にすればいい。どのように表現するかは、きみの想像力と国語力にかかっているのだ。

ワインと人は
似ているって
いわれるからね

## 「人」にたとえてみるのも面白い

『部長・島耕作』のなかでぼくは、丸みのある豊かでなめらかなワインを、「女優で言えばカタセ・リノのような」という表現を島にさせたことがある（62頁参照）。

　ワインの世界では「男性的」「女性的」という表現をすることがよくあるし、人によっては、肉感的なタイプとインテリタイプに分ける人もいる。だから味や香りの印象を、人にたとえてみることもできる。有名人だけでなく、「このすっきりしたのどごしは、会社の○○さんのよう」などと、身近な人を引き合いにだしても面白いのではないだろうか。

## ワインを語る3つのポイント

多様な表現は、ワインの個性を覚えておくための手段。自由でいい。とはいえ、ある程度、共通言語を知っていれば言葉に置きかえやすくなる。すでにいくつかは各キーワードのなかで使ってきたわけだが、整理しておくことをおすすめする。飲んだワインの印象を書きとめておくと、別のワインとの差を意識しやすい。

ただし、表現方法を覚えても、とくにワインに関心があるわけではない人たちとテーブルを囲むときには、いちいち「このワインの香りはああで、こうで……、味わいは……」とやらないこと。一言で（できれば自分の言葉で）、さらりと表現するほうが、ぼくはかっこいいと思う。

### 香り

アロマが豊富なら「香り高い」、「ふくよかな」ワインといわれる。同じ香りでも「フルーティ」「スパイシー」「花のような」「蜂蜜のような」「植物のような」……とまあ、大雑把なところでは、これぐらい判別できればいいだろう。

樽で熟成されたワイン、とくに熟成タイプの赤ワインで感じられることが多いのは「バニラの香り」。樽からの移り香だ。

品種ごとの特徴はすでにあげてあるので、そちらを参照してほしい。

### 味わい

比較的、わかりやすい「重い」「軽い」。「重い」ワインは「腰が強い」「厚みがある」「力強い」「コクがある」と言いかえられる。重めのワインでも、風味がとりわけ豊かに感じられれば「リッチな」という表現がぴったり。タンニンが多すぎると感じたら、そのものずばり「渋い」でいいし、「ハードな」といってもいい。もう少し熟成させたい段階のものは「タフな」という言い方をすることがある。

熟成が進んでおらず、鋭い酸味があるような場合は「青い」「若い」「未熟な」「生の」ワインという。同じ酸でも、心地よい清涼感なら「すがすがしい」「はつらつとした」という表現も適当だ。きめの細かい良質の白ワイン、シャンパンは「レースのような」ともいわれる。

### ワイン全体の印象

最高級の賛辞としては「偉大な」という言い方をする。「気品のある」「優雅な」「洗練された」というのもバランスのとれた上級ワインに贈られる賛辞。複雑にして優美な味わいをもつワインは「女性的」、力強いワインは「男性的」といわれる。

これまでに飲んできたものと、いい意味で違うと感じるなら、それは「個性が強い」ということ。個性のあるワインは「しっかりした」という表現もされる。

逆に、満足できないときのこともあげておこう。ひどく酸っぱく傷んだワインは、「酸化した」でいい。味も香りも色も弱いワインは「貧弱な」といってしまおう。飲み頃を過ぎた感のあるワインは「疲れた」「色あせた」。反対に「大物」といわれるのは、もう少し熟成させるとよいワインになりそう、というときに使う。

# プロ中のプロ――一言でワインの価格を急騰させる

何しろ世界中で造られているワインの種類は、膨大な数である。どこのどのワインがどんな味なのか、ぼくら素人にはとてもじゃないが把握しきれない。酒屋やレストランでさえ、仕入れの選別に悩んでしまう。

そこで活躍するのが、ワインの鑑定家とか評論家とか、ワイン・ジャーナリストなどと呼ばれるワインの指南役たちだ。彼らはさまざまなワインを試飲しては、その鋭い舌で味わいや出来具合を細かくチェックし、雑誌や本などで紹介していく。多くの人はそれを参考に、ワイン選びをしたり、知識を蓄積していくというわけだ。

ワインには流行もあるし、熱狂的なワイン・コレクターもいる。そのため一流の鑑定家となれば、その一言がワイン界に大きな影響を与えることも少なくない。彼らが雑誌などでその味を絶賛した途端、それまで一本二〇〇〇円だったものが数十万円にもはね上がるということが、実際にありうるのだ。

だが、たしかに参考にはなるが、専門家とはいえ、あくまで他人の評価。絶対のものと考えず、最終的には自分自身の感覚を大事にしたい。

蘊蓄《うんちく》話も
ワインのつまみ
になるよね

### ぼくの師匠はロバート・M・パーカー Jr.

ワイン評論家としては、ヒュー・ジョンソン、マイケル・ブロードベント、ロバート・M・パーカー Jr. などが超有名だ。彼らの鋭い舌はワイン界で絶大な信頼を得ており、その著作は世界中の人に読まれている。ワインについてより深く知りたければ、彼らの本を手にとってみるのもいいだろう。

ぼく自身は、パーカー Jr. の名著として名高い『ボルドー』（邦訳は講談社刊）を、座右の書としている。ボルドー・ワインのテイスティング評価をシャトーごとにまとめたもので、ボルドーのことなら何でもわかってしまう大著だ。

## 4つの手順で銘柄、ヴィンテージをあてる

ワインの評価では、ワインごとに微妙に違う味をかぎ分けていくので、一流のプロであれば、ラベルを見なくても、自分の感覚だけで銘柄や産地、ヴィンテージなどの素性をあてることができる。これをブラインド・テイスティングという。

彼らはやみくもにあてるわけではなく、一定の手順にしたがい、消去法でワインの素性をあぶりだしている。

### 1 品種を確かめる

まず最初に探るのが、葡萄品種である。ワインに詳しい人は、一口含めば品種はすぐに識別できるという。それによって原産国まで推定する。

### 2 産地を判断する

フランスの赤ワインであれば、葡萄品種によって産地もわかる。カベルネならボルドーのメドック、メルロならポムロールといった具合である。

### 3 銘柄を推測する

産地までは比較的簡単だが、銘柄を推定するのはむずかしい。ボルドーなら品種のブレンド比、ブルゴーニュならブーケを分析し、自分の記憶を細かくたどって推測する。

### 4 ヴィンテージを探る

赤ワインは熟成期間によって色が変わる。色の具合を見たり、葡萄の出来の良し悪しを考えあわせながら、何年もののワインかを探っていく。

プロのブラインド・テイスティングには驚かされることもしばしば。とはいえ、彼らだっていつもいつもズバリとあてられるわけではない。

# 第3章
# タイプはいろいろ
# ——シャンパン、シェリーもみんなワイン

いい女といいワインに
共通点はあるか?

key word 51 を読んでじっくり考えよう。

## ワインの奥深さを知れば知るほど、とりこになるに違いない。

空前のワインブームとあって、女性のワイン通も増加の一途。一本のボトルが二人の仲をとりもつことも…。

もう二度と会わないって言ったでしょ

そんなこと言わずにさ
これで機嫌を直してくれよ
場
すごーい '90年のラトゥール※

CHU
あなたって素敵！

※'90年のラトゥールのどこがスゴイのか、ピンとこない人は key word 36 へ戻る。

# つぶれた葡萄がひとりでに酒になった

芳醇な香りとまろやかな舌ざわり。ワインが与えてくれるこの喜びは、どうやらはるか古代から、ぼくら人類が味わってきたもののようである。

葡萄の木は、人類誕生以前から自生していたといわれ、その実が地面に落ちてつぶれ、果皮についている天然の酵母によって自然に香り高い液体、つまりはワインの原点となるものが生まれたと考えられている。

果物の果汁を搾るための石臼は、紀元前四〇〇〇年も昔のメソポタミア文明初期の遺跡から発掘されており、この時代にはすでに、ワインを造る目的で葡萄が栽培されていたというから驚く。

古代人をも魅了したこのワインを、現在の主要ワイン産地であるヨーロッパに広めたのは、誰あろうジュリアス・シーザーだ。ローマ帝国はヨーロッパに進展すると、占領地区ごとに葡萄畑を造り、ワイン造りを進めた。戦闘的なヨーロッパの狩猟民族を、温和な農耕民族にしていくなどの、戦略的・政治的な意味合いがあったといわれる。

しかし究極的には、「ワインを飲みたい」という人々の情熱が、かの地にワイン文化を伝えた理由の第一だったのではないか。

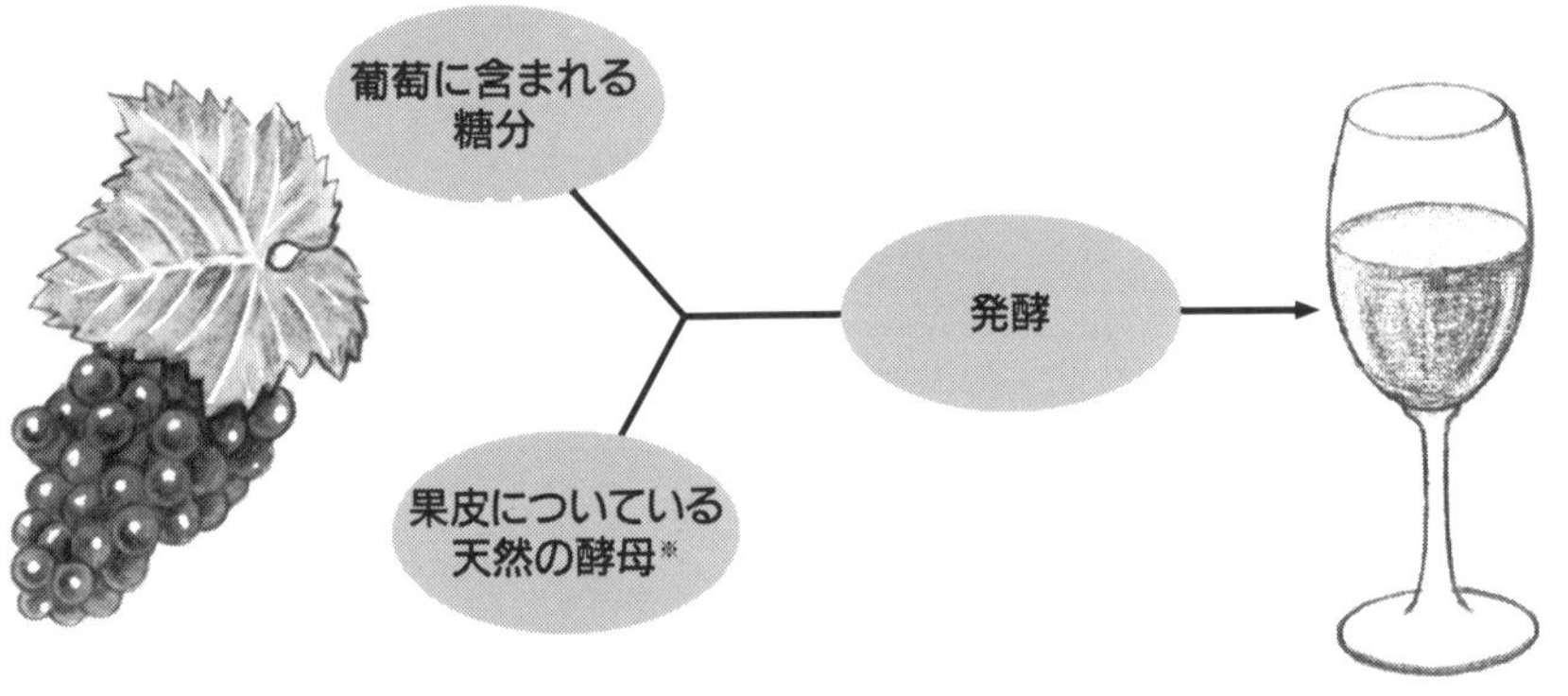


※現在のワインは培養した酵母を使用している。

## ワインの喜びは古代から続く

葡萄の原産地は、中央アジアのカスピ海周辺。人類発祥以前から、葡萄の木は存在し、ワインの原点といえる自然発酵の液体もあった

メソポタミア文明の生んだ最古の文学作品「ギルガメシュ叙事詩」、〝目には目を〟の一節で有名な古代バビロニアのハムラビ法典、古代エジプトの壁画などには、ワインに関する記述が見られる

紀元前1500年頃には、エーゲ海諸島、ギリシャ、ローマへワイン造りが伝わる

ローマ帝国の拡大とともに、ワインもヨーロッパへ

キリスト教の普及とともにワイン文化はヨーロッパ全土に広がる

ワインの進化はなおも続く

同じ果実酒でも
梅酒とは
全然違うわけね

## 葡萄が果実酒の王様を造る

ワインは果実酒の一種。となると、梅酒やイチゴ酒などのように家庭でも造れる果実酒と同列というわけか？　でも何か違う。葡萄の実を発酵させて造られるワインに対し、これらの果実酒は、リカーなどのアルコール類に果実を漬け込んだもの。それなりに味わいはあるが、ワインとは比べるべくもない。

一方、リンゴやキウイフルーツなど、葡萄以外の果実を発酵させて造られる酒もある。製法上の分類では同じ醸造酒だが、味はどうしても、葡萄からできたものより劣る。やはり葡萄は、果実酒の王座に燦然《さんぜん》と輝いているのだ。

# シャンパンだって、シェリーだって、みんな〝ワイン〟

一口にワインといっても、じつはとても幅が広く、酒に詳しくない人ならワインとは別物と考えているものもある。

製法上の分類で分けると、ワインには四種類ある。一般にぼくらがいっているワインは、この分類ではスティル・ワインという。〝泡立っていない静かなワイン〟というような意味で、加工されていない、ワインのもっとも基礎となるものだ。

スティル・ワインに、製造上の工夫を加えることで、味わいの異なるワインができる。まずは、炭酸ガスを含ませて発泡させた、スパークリング・ワイン。口あたりがシュワッとさわやかである。このワインの代表が、ご存知シャンパンだ。

スティル・ワインに、ブランデーなどを加えて、アルコール度や保存性を高めると、フォーティファイド・ワイン（酒精強化ワイン）という強い酒ができる。有名どころでは、スペインのシェリーがこれに入る。

果汁や香草、薬草などで香りづけをした、個性的な味のフレーヴァード・ワインもワインの一つ。ヴェルモットなどがこれにあたる。

**醸造酒**

穀物や果物などの原料を、アルコール発酵させた酒。スティル・ワインは、この醸造酒に入る。その他、大麦を原料としたビール、米が原料の日本酒などがある。

**蒸留酒**

醸造酒をさらに蒸留し、アルコール度を高めた酒。ブランデーは、スティル・ワインを蒸留したもの。葡萄以外の原料から造られるものとしては、ウイスキー、ウォッカ、ジン、焼酎などが蒸留酒に分類される。

**混成酒**

醸造酒や蒸留酒に、香料や香草などを加えて造る酒。ワインに草の根や木の皮、アルコールを加えて造られたのが、ヴェルモット。

## ワインには4つのタイプがある

### スティル・ワイン

炭酸ガスがほとんど含まれず、泡立たない通常のワイン。葡萄の品種や製造方法などによって色が異なり、その色によって赤ワイン、白ワイン、ロゼワインに分類される。それぞれに辛口、甘口がある。

ぼくらがふつう"ワイン"といってイメージするのはこのタイプ

### スパークリング・ワイン

炭酸ガスが含まれた、泡立つワイン。二次発酵で発生した炭酸ガスをボトル内に封じ込めたり、醸造後に炭酸ガスを注入するなど、各種の方法がある。フランスのシャンパン、スペインのカヴァ、イタリアのスプマンテなど。

シャンパンを代表とするシュワッとさわやかなタイプ

傷みにくいから、チビチビと長く楽しむのにもいい

### フォーティファイド・ワイン

スティル・ワインの発酵中や発酵後に、ブランデーなどの強い酒を加えて、アルコール度を高めたワイン。酒精強化ワインともいう。スペインのシェリー、ポルトガルのポートワイン、マデイラなどがある。

サングリアなら自分でも造れる。いますぐ試したい人は171頁を参照しながらどうぞ

### フレーヴァード・ワイン

スティル・ワインに、果汁、薬草、香辛料などを加えて、香りづけをしたワイン。香辛料や薬草を加えたイタリアのヴェルモット、果物類を加えた、スペインの伝統的家庭飲料であるサングリアなどがある。

# 人気の秘密は渋みにある——果皮と種から生まれる味わい

葡萄のもつ渋みと酸味の微妙なバランスが、深い味わいをかもしだす赤ワインは、やはりワインの基本中の基本である。

赤ワインは一般に、果皮の黒い黒葡萄を使って造られる。フランスの一部では、一定の割合内なら白葡萄を混ぜてもいいことになっているが、少なくとも高級ワインは、黒葡萄だけを使う。

しかも黒葡萄の果皮も種も、丸ごと使って発酵させたのが、赤ワインだ。果皮や種も一緒に発酵させることで、渋みの成分であるタンニンや色素が抽出《ちゅうしゅつ》され、それが赤ワインの味わいと、ワイン・レッドの美しい色を生んでいるのである。

同じ赤ワインにも、飲み口が軽いものから重いものまでじつに多様だ。この重さの違いは、葡萄の種類や熟成度など、原料の違いもあるが、〝かもし〟の時間も一つの要因になる。果皮や種は、樽や瓶に詰められる前に取り除かれるが、まだこれらが浸ったまま、発酵液をしばらく置いておくことを、〝かもし〟という。かもしの時間が短いと軽いワインに、かもしの時間が長いと、色の濃い重いワインになるのだ。

しこたま飲んで
食べて…と
やってると
確実に太る！

## 「赤ワインは健康にいい」のホントのところ

フランス人は脂肪の摂取が多いのに、心筋梗塞が少ないという事実から注目されたのが、彼らの食生活に欠かせないワインの存在。数々の研究から、赤ワインに含まれるポリフェノールという物質が、血栓予防やがん予防などに効果的であることが、科学的に証明されてきた。渋みのもとになるタンニンや、赤い色素がポリフェノール類なのである。

「赤ワインは体にいい」という大義名分ができたわけだが、飲みすぎてしまえば逆効果とか。ぼくらワイン好きには、痛しかゆしというところか。

## 2度の発酵でまろやかに

**黒葡萄**
黒葡萄の果皮も種も、丸ごと使う。他の色の葡萄を混ぜても、最終的にワインの色は赤くなる。

**除梗《じょこう》・破砕《はさい》**
果梗《かこう》と呼ばれる軸の部分を取り除いてから、実をつぶす。タンニンを多く抽出するために、全部あるいは一部の果梗を、取り除かないこともある。

**発酵**
酸化防止や殺菌のために、亜硫酸を添加する。果皮についた天然の酵母も死滅するため、純粋培養した良質の酵母を加えて、発酵させる。発酵が始まると、果皮の色が抽出されて、果汁が赤くなっていく。

**圧搾**
発酵開始から５日ほどたったら、果汁を圧搾し、こして果皮や種を取り除く。果皮や種を入れたままの〝かもし〟の時間の長短は、ワインの飲み口（軽い・重い）に関係する要因の１つ。

**後発酵《あとはっこう》（MLF）**
発酵液をタンクに移し、さらに発酵させると、酸味成分のリンゴ酸が乳酸に変わる。マロラクティック発酵（MLF）といわれ、ワインを落ち着いたまろやかな味にする。

**澱引《おりび》き**
ワインをしばらく静かに置いておくと、澱《おり》と呼ばれる沈殿物ができるので、これを取り除いて、上澄みだけを別の容器に移す。しかし、澱にはワインの呼吸を助ける役割もあるため、あえて澱引きしないこともある。

**樽熟成**
上級ワインの場合は、瓶詰めする前に木樽のなかに入れ、半年から２年近く熟成させる。

**瓶詰め** → **瓶熟成**
瓶のなかでも、ワインはさらに熟成を続ける。

**瓶詰め**・**瓶熟成** → **出荷**

## key word 47 白ワイン

# 初心者に受ける白ワイン——甘口から辛口までバラエティに富む

白ワインの魅力は何といっても、葡萄の酸味がきいた、フルーティで口あたりのさわやかなところにある。

赤ワインのような渋みがないので、初心者にも飲みやすい。白ワインからワインを好きになった人も多いのではないだろうか。

白ワインに渋みがないのは、赤ワインと違い、葡萄の果皮や種を使わずに造られているからだ。葡萄を圧搾《あっさく》したら、果皮と種を取り除き、葡萄ジュースのようなものを造ってから、それを発酵させる。

同じ白ワインにも、甘いものから辛いものまでいろいろある。葡萄に含まれる糖分の違いなどにもよるが、発酵過程での微妙な操作で、味が変わってくる。発酵が進むと温度が上昇していくが、このとき比較的低温の段階で発酵を止めると、葡萄の糖分が残って、やや甘口になる。完全に発酵しきれば、辛口の白ワインができあがる。

ちなみに、最近は白ワインにも「飲むための大義名分」がみつかった。アメリカの研究者の発表によると、白ワインにはサルモネラ菌などに対する抗菌作用があるのだそうだ。

忘れられない初体験…だったな

### 出会いはチーズフォンデュと白ワイン

ぼくが初めてワインと出会ったといえるのは、大学生時代。学生寮の向かいに住んでいたアメリカ人たちから、ホームパーティーに招かれたときだ。日本全体がまだ貧しかった1960年代半ばのこと、初めて味わうチーズフォンデュに目をシロクロ。

当時のぼくらにとって、外国製のワインなど高嶺の花。庶民が飲めるのは、甘いポートワインぐらいしかなかった。だからフォンデュとともに供された本格的白ワインを口にし、「こんなに味わい深いものなのか」と感嘆。ワインに開眼するきっかけをつくってくれた彼らには、今も感謝している。

## “葡萄ジュース”が白ワインのもと

**白葡萄**

ふつうは薄緑色の果皮の白葡萄を使うが、黒葡萄を原料にすることもある。この場合も、果肉のみを使うので色はつかない。

**除梗《じょこう》・破砕《はさい》**

赤ワインを造る場合と同様に、果梗《かこう》と呼ばれる軸の部分を取り除いてから、実をつぶす。

**圧搾《あっさく》**

葡萄の実を圧搾し、果皮や種を除いた葡萄ジュースを発酵させるのが基本だが、圧搾せず果皮をそのまま漬け込むタイプの白ワインもある。

**補糖**（圧搾と発酵の間に加わる工程）

葡萄に十分な糖度がないと、アルコール度の低いワインしかできない。そのため、未発酵の果汁に糖を加えて発酵させることもある。白ワインだけでなく、赤ワインでも行われることがある。

**発酵**

赤ワイン同様、亜硫酸を添加したうえで、純粋培養した酵母を加えて発酵させる。

**澱引《おりび》き**

これも赤ワインと同様。独特の風味を引きだすため、あえて澱引きしない製法もある。

**樽熟成**

白ワインのフルーティな持ち味をいかすため、樽熟成を行わない場合もある。

**瓶詰め** → **瓶熟成**

一般に、白ワインは赤ワインより早く飲み頃がくると考えてよい。

**出荷**（瓶詰めから直接、または瓶熟成を経て）

# 薔薇色のデリケート・カラーが女心をくすぐる

ぼくは当初、ロゼワインは赤ワインと白ワインを混ぜたものだと思っていた。が、ことはそう簡単でないことを後に知って驚いた。たしかに両者をブレンドしたロゼワインもあるが、正式にこの方法が許されているのは、フランス・シャンパーニュ地方だけだ。

製法はさまざまだが、黒葡萄が使われることが多い。黒葡萄の果皮の色を利用したり、なかまで色づいている果肉を使って、あの清涼なピンク色を造り上げる。

良質の赤ワインを造る過程の副産物として造られることもある。圧搾した黒葡萄から一部果汁を取りだすと、葡萄成分が濃縮されて、より良質の赤ワインができる。一方、取りだした果汁を別に発酵させれば、良質の黒葡萄から造られた、良質のロゼワインができるというわけだ。

いずれにせよ、〝どっちつかず〟な面があるせいか、ロゼワインは残念ながら、業界や専門家にはあまり重要視されていないようだ。ぼく自身、強い関心があるわけではないが、その香りやロマンチックな色合いは、赤や白とはまた違う、ワインの魅力なのだと思う。

ムード満点のロゼワインがあれば、女心をつかみやすい…かもしれない。

## ロゼワインはこうして造られる

### 1　赤ワインと同じように造る

黒葡萄の果皮も種も使い、赤ワインと同様に造る方法。発酵がある程度進み、発酵液がわずかに色づいたら、果汁のみを取りだしてしまう。このままではアルコール度が低いが、果汁をさらに発酵させれば、ロゼワインができる。フランスのローヌ地方で造られる辛口のロゼワイン、タヴェル・ロゼが代表的。

### 2　白ワインと同じように造る

黒葡萄を圧搾して果皮と種を取り除き、その果汁を発酵させる。黒葡萄の場合には、果皮を取り除いても、果汁に多少色素が残っているので、淡いピンク色のワインができる。フランスのロワール地方で造られるロゼ・ダンジュ（アンジュ・ロゼ）がこのタイプの代表格。

### 3　赤ワインと白ワインを混ぜる

赤ワインと白ワインを、それぞれの製造法にしたがって造り、出来上がったワインを混ぜる方式。ロゼ・シャンパンのみに許される造り方。

＊このほか、ドイツなどには黒葡萄と白葡萄を混ぜて醸造するタイプのロゼもある。

フランスに
ばれたら
輸入できなく
なりそう…

### 勝手にブレンドして飲まないこと

ロゼのシャンパン、なかでも次頁のコラムでも紹介するドン・ペリニヨンは、デートの必需品ともてはやされていた時期があった。

その頃、バブル最盛期の大阪では、とんでもない飲み方が密かに流行っていたという。通称「ロマコンのピンドン割り」。名酒の誉れ高いロマネ・コンティをピンク、つまりロゼのドンペリで割って飲むというものだ

まったく、何を考えているのだろうか。景気がよくなっても、こうした悪習の復活は阻止したい。

## key word 49 スパークリング・ワイン

# 〝シャンパーニュ地方産〟がシャンパン

祝い事やクリスマスの乾杯に欠かせないのが、シャンパンだろう。炭酸のさわやかなのどごし、上品な風合いの香りと口あたりは、喜びの場にもっともふさわしい飲み物だ。

このシャンパンという言葉、炭酸の入った発泡性のワイン、つまりスパークリング・ワインの総称のようにいわれるが、正確にはフランスのシャンパーニュ地方産スパークリング・ワインの、固有名称である。

パリ北東の寒冷地にあるシャンパーニュでは、昔からアルコール度の低いワインしかできなかった。そこで、白ワインに砂糖と酵母を加え、ボトル内で再発酵させ、発酵で生じた炭酸ガスを閉じ込めた発泡酒を開発したのである。この製造法は、シャンパーニュ（シャンパン）方式と呼ばれている。

もちろん、シャンパーニュ産以外のスパークリング・ワインもいろいろある。これらにはそれぞれの名称があり、製造法もそれぞれ異なっている。とはいえ、さわやかさは共通するところだ。いろいろ飲み比べてみると楽しい。

自分の名前がこれほど有名になるとは、思わなかったろうね

### 開発者はお坊さん〝ドン・ペリニヨン〟

シャンパンの高級品といえば、ドン・ペリニヨンがもっとも有名だ。じつはこの名称、シャンパンの産みの親の名前でもある。

17世紀中頃、シャンパーニュ地方にある修道院の酒蔵係になったのが、修道僧のドン・ペリニヨン。彼がある日酒蔵を見回っていると、ポーンという音が聞こえてきた。寒さで発酵が止まっていたワインが、春になって温度が上がり、ボトルのなかで再発酵し、たまった炭酸ガスがコルクを吹き飛ばしたのだ。彼はこれをヒントに工夫を重ね、シャンパンを造り上げたのである。

## シャンパンだけじゃない、いろいろな名称

### フランス

| | |
|---|---|
| シャンパン<br>*Champagne* | シャンパーニュ地方で、瓶内２次発酵で造られたワインのみシャンパンという。シャンパン方式という意味の表記も、他の発泡性ワインには禁じられている。ガス圧は５～６気圧。 |
| クレマン<br>*Crémant* | 以前は、シャンパンより低いガス圧のものをさしていたが、現在はブルゴーニュ、アルザスでシャンパン方式によって造られる発泡酒をさすことが多い。 |
| ヴァン・ムスー<br>*Vin mousseux* | 〝泡〟という意味で、広義にはフランスで造られる発泡酒すべてが含まれる。しかし一般には、シャンパンでもクレマンでもない、手ごろな発泡酒をさしている。 |
| ペティヤン<br>*Pétillant* | フランス産2.5気圧以下の弱発泡性ワインの総称。 |

### ドイツ

| | |
|---|---|
| ゼクト<br>*Sekt* | タンク内で２次発酵させる「シャルマ方式」によって製造される、ドイツの高級発泡酒。シャンパン方式で造られるものもある。その多くが辛口。 |
| シャウムヴァイン<br>*Schaumwein* | ドイツ産の手ごろな発泡酒をさす。 |
| パールヴァイン<br>*Perlwein* | ドイツ産2.5気圧以下の弱発泡酒の総称。 |

### イタリア

| | |
|---|---|
| スプマンテ<br>*Spumante* | イタリア産発泡酒の総称で、多くがシャルマ方式で製造される。ロンバルディーアやトレンティーノなどでは、シャンパン方式による高級品も造られている。 |
| フリツァンテ<br>*Frizzante* | イタリア産2.5気圧以下の弱発泡酒の総称。 |

### スペイン

| | |
|---|---|
| カヴァ<br>*Cava* | カタルーニャ地方で造られる、シャンパン方式の発泡酒だが、値段は手ごろ。 |
| エスプモーソ<br>*Espumoso* | 一般にはカヴァ以外の手ごろな発泡酒をさす。 |

### アメリカ・オーストラリア

| | |
|---|---|
| スパークリング・ワイン<br>*Sperkling wine* | 炭酸入りのワインはすべてスパークリング・ワイン（発泡性のワイン）と呼ばれる。製法やガス圧、生産地域の違いによる名称の違いはない。 |

## key word 50 樽熟成

# ステンレスの樽で寝かされるワインも増えてきた

ワインといえば、ワイナリーのカーヴ（貯蔵倉）にある大きな木樽のなかで熟成されるもの、とぼくらはつい思ってしまう。ところが樽で熟成されるワインは、じつは高級品にかぎられるのだ。いわゆるテーブルワインは、発酵後にそのまま瓶詰めされてしまう。樽で眠ることができるのは、高級ワインとなるべく仕込まれる一握りの存在なのだ。

樽熟成される幸運なワインたちは、一般に白ワインは数カ月、赤ワインは一、二年ほど寝かされる。この間、ワインは樽のなかで呼吸し、酸が変化したり、芳香成分であるエステルが生成されたり、色素類が変化するといった、さまざまな反応を繰り返している。こうして、よりまろやかな味の、より美しい色のワインができあがるのである。

熟成用の樽の素材は、オークが最適といわれる。かすかにワインに移るオークの香りが、えもいわれぬ風味を加えてくれるほか、オークに多量に含まれるタンニンに抗菌作用があるという、実利的な意味もある。

ただ天然木を使った木樽はコストがかかるうえ、管理もやっかい。樽のイメージとは遠いが、ステンレスタンクを使用することも多い。

ほら　こうやって樽に
耳をつけると　プチプチ
熟成する音が
聞こえるでしょう
樽が呼吸してるんです

ワインは樽のなかで呼吸し、樽を通り抜けたワインの吐息《といき》はカーヴに充満する。だから、カーヴ内に足を踏み入れると独特の匂いが鼻につく。
どんな匂いかというと……、そう、ちょうど「味噌蔵」の匂いにそっくりだ。

ここが　当社自慢の
円形地下熟成庫です
当社の場合は　ワインに
余計《よけい》な香《かお》りをつけないために
すべて新樽を使い
18ヵ月寝かせます

取材旅行で訪れたフランス、ボルドー地方の超有名ワイナリー、シャトー・ラフィット・ロートシルトのワインカーヴは、じつに広々として立派な造りだった。円形にデザインされ、まるで旧ローマ帝国のコロセウムのよう。カーヴの中で晩餐会やコンサートが開かれることもあるという。

## 木樽

**フレンチ・オーク**　リムーザン・オーク、トロンセ・オーク、ヌヴェール・オークなどの種類がある。それぞれに木目の粗さや香りなどに特徴があり、葡萄の品種などによって使い分けられている。一般にアメリカン・オークよりも香り成分がワインに移りやすく、かつては良質のワインはフレンチ・オークの樽でないと造れないといわれていた。

**アメリカン・オーク**　木目が細かく規則的なアメリカのオークは、ウイスキーの熟成に適しており、もともとはおもにバーボンウイスキーの熟成樽に使われていた。しかし世界各地でワイン用としても使用されるようになり、樽の製造過程に注意すれば良質のワインができるとして、評価が高まってきた。とくにシェリーの熟成樽として、アメリカン・オークがよく用いられている。

## ステンレスタンク

木樽は、材質の香りや樽の出来具合がワインの味に影響を与えやすい。しかしステンレスタンクではその影響がないため、均一の風味に管理でき、熟成中のワインの化学反応もコントロールしやすい。経済的な面でも利点があるため、大量生産型のワインなどに多く用いられている。

# 長く寝かしてもダメなものはダメ

年代物のワインは、ワイン好きならずとも、垂涎《すいぜん》のまとだ。長い間、じっくりと瓶のなかで熟成し、円熟味を増したワインを味わえるのは、至福の喜びである。では、年月を経ていれば、どのワインもおいしいかというと、じつはそのようなことはない。ワインによって、それなりの〝飲み頃〟があるのだ。

ワインには、早めに飲んだほうがいい早飲みタイプと、長く熟成すればするほど味わい深くなる長熟タイプとがある。一般に早飲みタイプは、白ワインなら三年以内、赤ワインなら五年以内に飲んだほうがいい。

長熟タイプの高級ワインなら、一〇年以上たってから、ようやく飲み頃になる。なかには五〇年経っても飲めるものもある。ただしこのようなワインは、ごく限られた最高級ワインのみであり、それ以外は長期保存しても味の低下を招くだけだ。

ワインは個性の豊かさから、よく人間にたとえられる。年月によって磨かれる人もいれば、摩耗しきってしまう人がいるあたりも、ワインと人間との共通項にあげられそうだ。

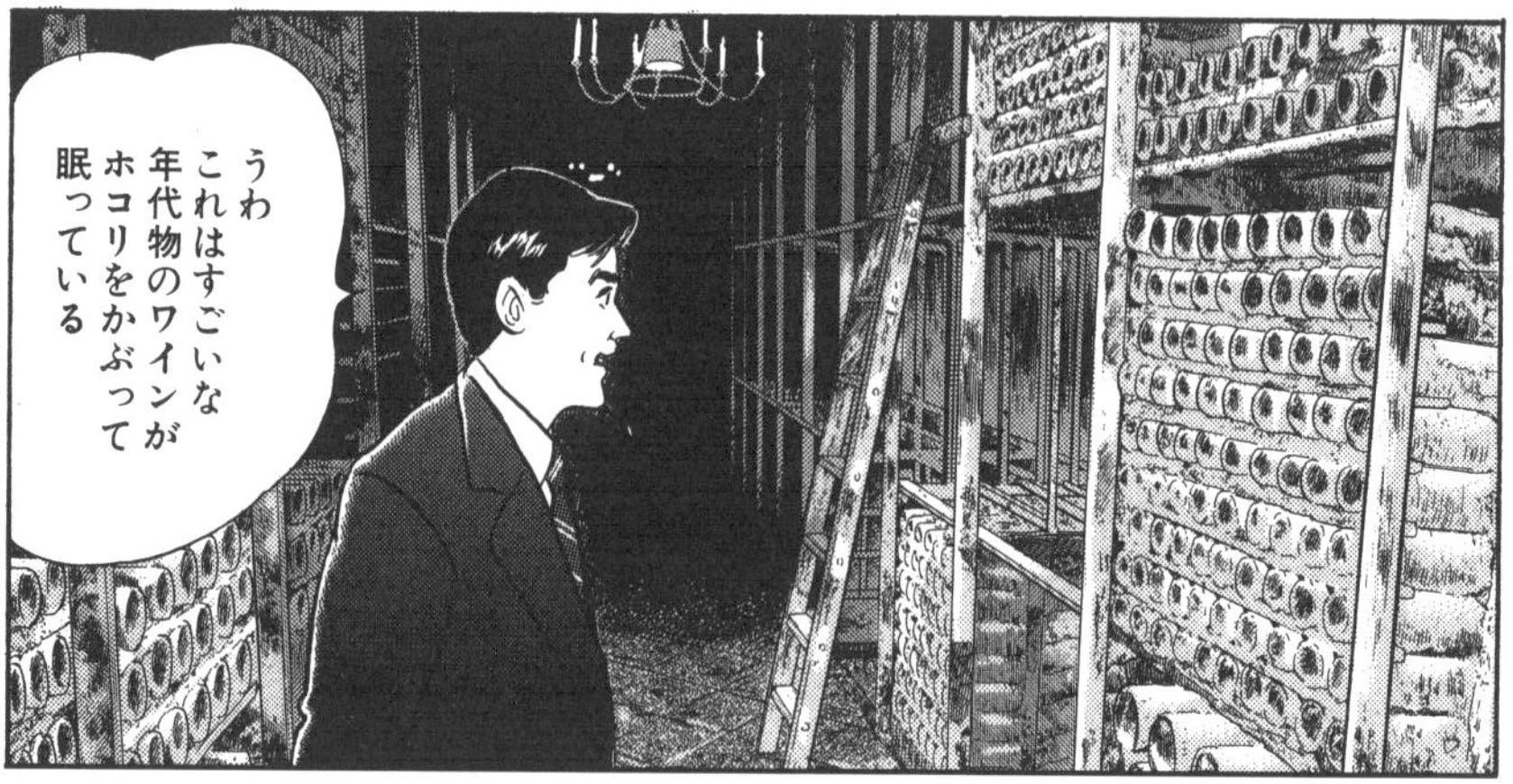
うわ
これはすごいな
年代物のワインが
ホコリをかぶって
眠っている

## 手ごろなワインは早めに飲むほうがおいしい

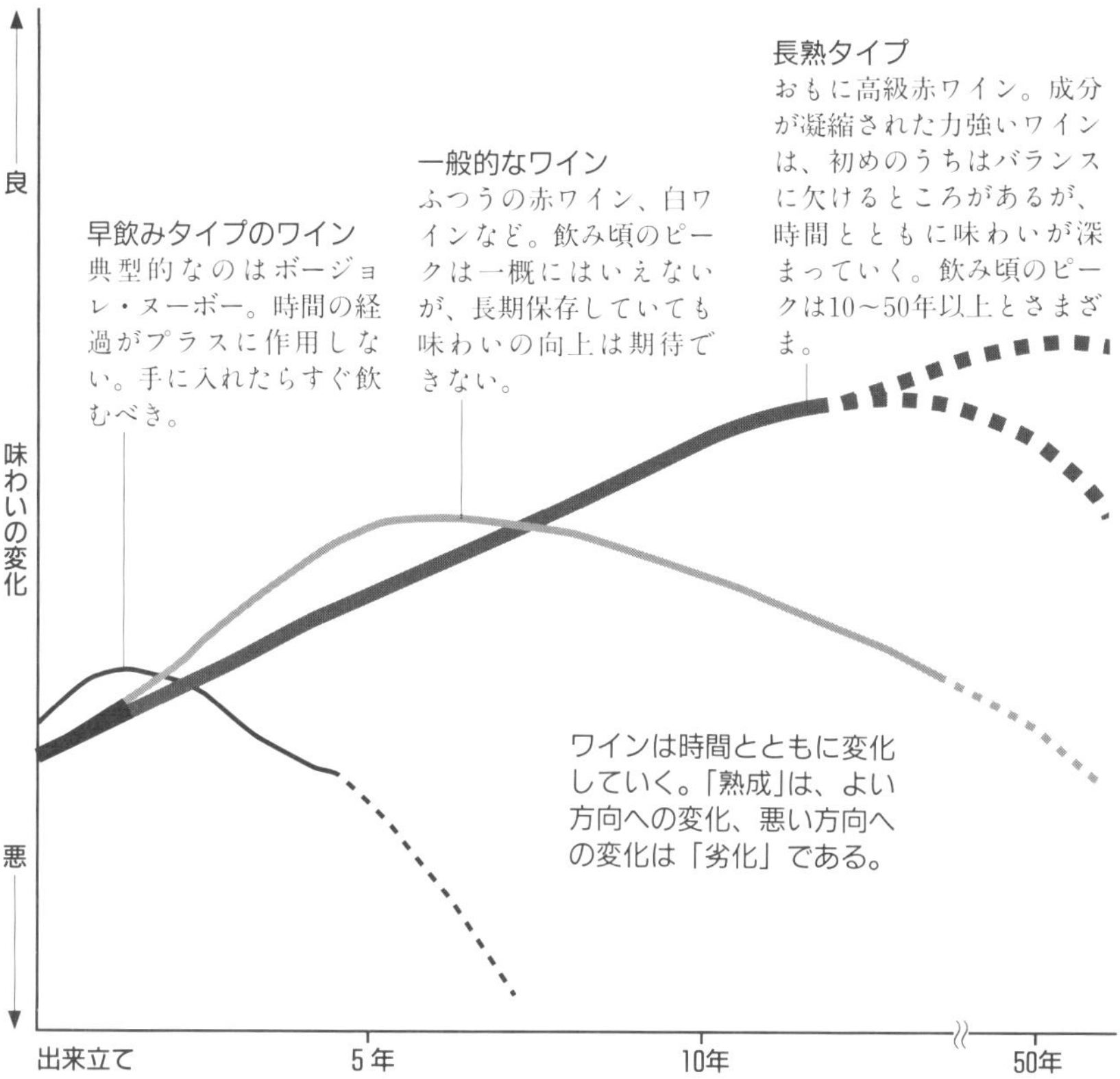
良
味わいの変化
悪
早飲みタイプのワイン
典型的なのはボージョレ・ヌーボー。時間の経過がプラスに作用しない。手に入れたらすぐ飲むべき。
一般的なワイン
ふつうの赤ワイン、白ワインなど。飲み頃のピークは一概にはいえないが、長期保存していても味わいの向上は期待できない。
長熟タイプ
おもに高級赤ワイン。成分が凝縮された力強いワインは、初めのうちはバランスに欠けるところがあるが、時間とともに味わいが深まっていく。飲み頃のピークは10～50年以上とさまざま。
ワインは時間とともに変化していく。「熟成」は、よい方向への変化、悪い方向への変化は「劣化」である。
出来立て
5年
10年
50年

出来のよい収穫年のラフィットは15年以上寝かせます
出来の悪い年でも飲み頃まで5～6年はかかります

ラフィット（＝シャトー・ラフィット・ロートシルト）は長熟タイプの高級赤ワインだ。

出来のよい年の方が飲み頃になるまで年月を要するってちょっと逆みたいですね

## key word 52 ボトルの形

# シルエットからもワインの生いたちがわかる

そのワインがどの地で何年に造られ、どのようなタイプなのかを知りたければ、ラベルを見ればいい。でも四苦八苦しながらラベルを解読せずとも、ボトルの外観を見るだけで、そのワインの身上がある程度わかる。ボトルの形や色は、生産地域によって異なっているからだ。

たとえば、フランスのボルドーワインのボトルはいかり肩、ブルゴーニュのものはなで肩だ。この違いにはそれなりの理由がある。肩のはりには澱《おり》をとる機能があるが、ブルゴーニュワインは熟成中に何度も澱引きという作業を行ったり、瓶詰めするさいに濾過《ろか》することが多いので澱が入り込まない。だから肩をつくる必要がない、というわけ。

このボルドー型とブルゴーニュ型は、その他の地域でも多く利用されているので、外観だけで生産地の特定はできない。だが、たとえばアメリカやオーストラリアの高級ワインは、ボルドーの主要品種と同じ葡萄を使ったものはボルドー型のボトルを、ブルゴーニュと同じ場合はブルゴーニュ型を使うことが多い。つまり、ボトルの形を見るだけで、その味のタイプも、おおよそは予想できることになる。

重さと値段が正比例なんて面白いよね

### ワインの値段はボトルの重さに比例する?!

ワインボトルの重さを意識したことがあるだろうか。じつは同じボルドーのボトルであっても、重さはさまざまだ。このボトルの重さの差は、ワインの価格に比例するといわれる。世界的な傾向として、良質で高価なワインを入れるボトルは、それなりの重厚感を出すため、重めに造られているのだ。たとえばボルドーのテーブルワインは、平均して約400ｇだが、高級ワインでは約550ｇ。最高級品ともなれば、さらに重くなる。

ボトルの形や色を見るだけでなく、手にもって重さを確認してみれば、そのワインの質がわかるというわけだ。

## 生産地によって形が違う

### フランス

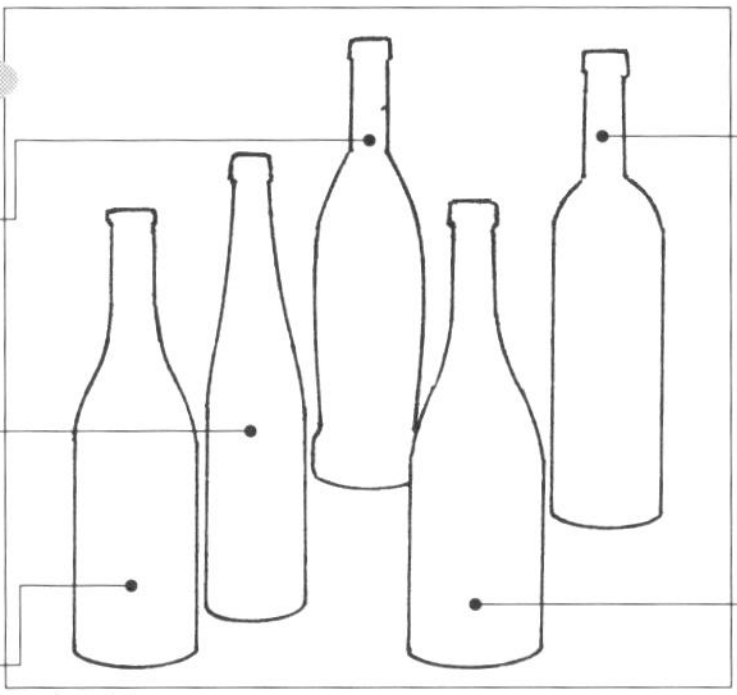

**プロヴァンス型**
腰のくびれが特徴的。

**アルザス型**
すらりとした細みのなで肩タイプ。

**ブルゴーニュ型**
赤白ともに薄い緑色。なめらかな曲線がセクシー。

**ボルドー型**
赤ワイン用は暗緑色、白ワイン用は通常辛口が薄い緑色、甘口は無色透明。肩のはったしっかりした骨格。

**シャンパーニュ型**
ボトル内の炭酸ガスの圧力に負けないように、厚い頑丈なガラスで造られた安定した形。スパークリング・ワインは世界的にほとんどすべてこのタイプ。

### ドイツ

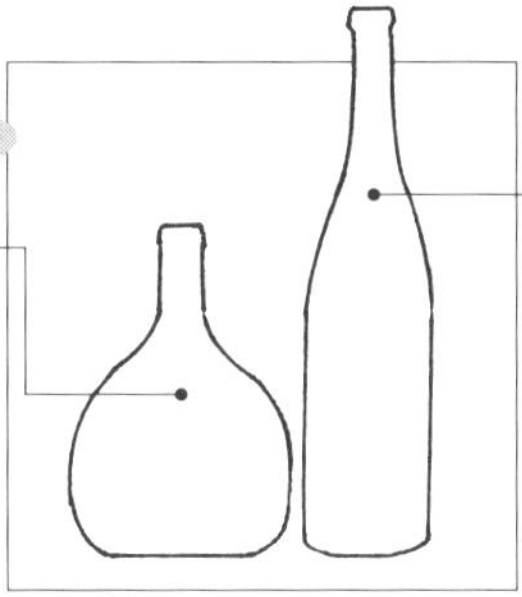

**フランケン型**
昔ワインを詰めるのに使われていた動物の革袋のイメージを残す形。ボックスボイテル型ともいう。フランケン地方ほか、ポルトガルのマテウスなどもこのタイプ。

**ライン・モーゼル型**
ドイツワインはほとんどがこのタイプ。通常、ラインワインのボトルは茶色、モーゼルは緑色だが、最近はブルーボトルやホワイトボトルもよく見かける。

### イタリア

**キアンティ型**
トスカーナ地方特産で、藁苞《わらづと》に巻かれた球状のボトル。しかし、最近は手間のかからないバローロ型を使用するもののほうが多い。

**バローロ型**
肩のはったボルドータイプが多いが、なで肩のブルゴーニュタイプのボトルもある。

**フィッシュ型**
ペッシェヴィーノという名のテーブルワインに使用されている。

どう お嬢さん？
ボルドーと ブルゴーニュの 違いがわかった？
うん わかった
ビンの形

# 第4章
# ワインはやっぱりボルドー、ブルゴーニュから

10メートル畑が違っただけでこんなに味が変わるなんてなぜ?

その理由は key word 62 に書いてあります。

# 知れば知るほど離れがたい、ワインの迷宮。

王様から気さくにつきあいたいワインまで。多様さ、複雑さはじつに魅力的だ。

このワインを御存じですか?

うん、すごく高価なワインだ
ペトリュスでしょ?
そうです、ボルドーのポムロール地区が生んだ20世紀の奇跡といわれる傑作ワインです
ボルドーワインのなかで一番高いクラスのものです
じつはペトリュスはほんの20年前は大したことのないワインだったんです
それが今や一本数十万円…なぜでしょう ※
蘊蓄《うんちく》はいいから早く飲ませてよ!

※ペトリュスはなぜ急騰したのか? 気になる人は key word 60 をチェック!

# 知れば知るほど離れがたい、ワインの王国

世界のワインのお手本になっているのが、いうまでもなくフランスだ。ワイン造りの歴史は紀元前にさかのぼるが、とくに盛んになったのは六世紀頃からで、おもに修道院で造られてきた。以後、宮廷から一般家庭まで、ワインは欠くことのできない存在となり、十八世紀には瓶《びん》やコルク栓の使用も始まって、高品質のものが続々と登場するようになった。

フランスでは、一口ではとてもいえないほど、多種多様なワインが造られている。三大ワイン産地はボルドー、ブルゴーニュ、シャンパーニュだが、その他にも多くの有名産地がある。それぞれの地方で造られるワインは、その地形、土壌、気候、葡萄の品種や製造法が異なるため、地方色が色濃く現れている。

フランスワインの魅力は、国全体を見渡したときのバラエティの豊かさに加え、一つひとつのワインがもつ味わいもまた、複雑な要素に富んでいることにある。さすがワイン王国、ぼくなど生涯かかっても知り尽くすことができないほど、種類が豊富で質も高い。だからこそ、ワインを知れば知るほど、フランスワインから離れられなくなるのである。

電機メーカーとワインの関係は深いんだよね

## 貿易摩擦もワインブームの一因

日本のワインブームは、〝健康にいい酒〟というマスコミのアピールも関係しているが、１つのきっかけとして、日仏貿易摩擦というきわめて政治的な要因もあった。

1982年、フランスは、日本のＶＴＲが安く売られすぎているとして、関税制限により日本製品に圧力をかけた。そこで日仏貿易不均衡解消のため、各電機メーカーがフランスの農産物を輸入するようになり、そのなかの１つにワインがあったのだ。

フランスのワインが多数輸入され、ぼくらがさまざまな種類を飲めるようになったのは、貿易摩擦のおかげ、ともいえる。

## フランスのおもなワイン産地

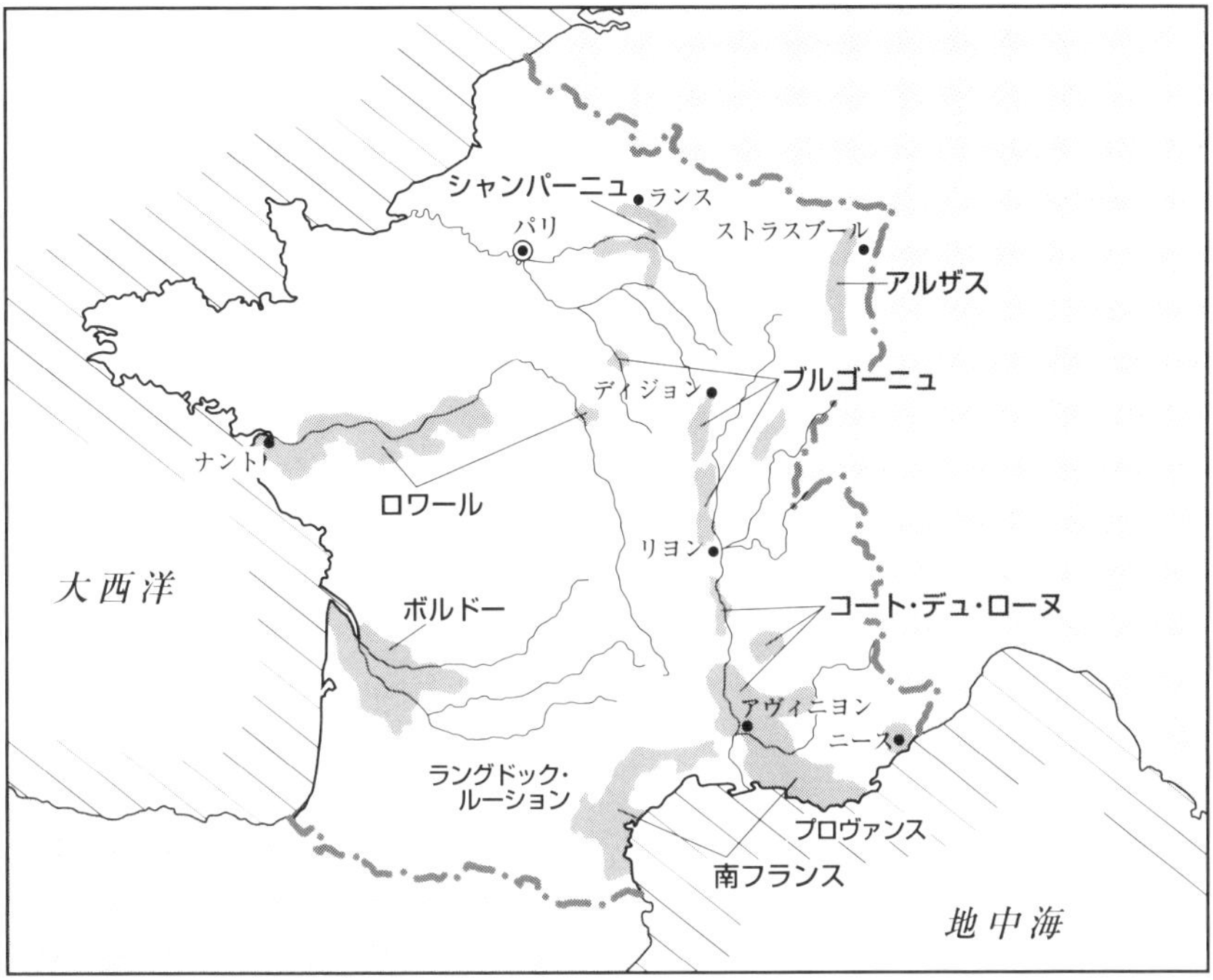


## フランスワインは4ランク

＊正式名称・読み方は key word 3(13頁) 参照

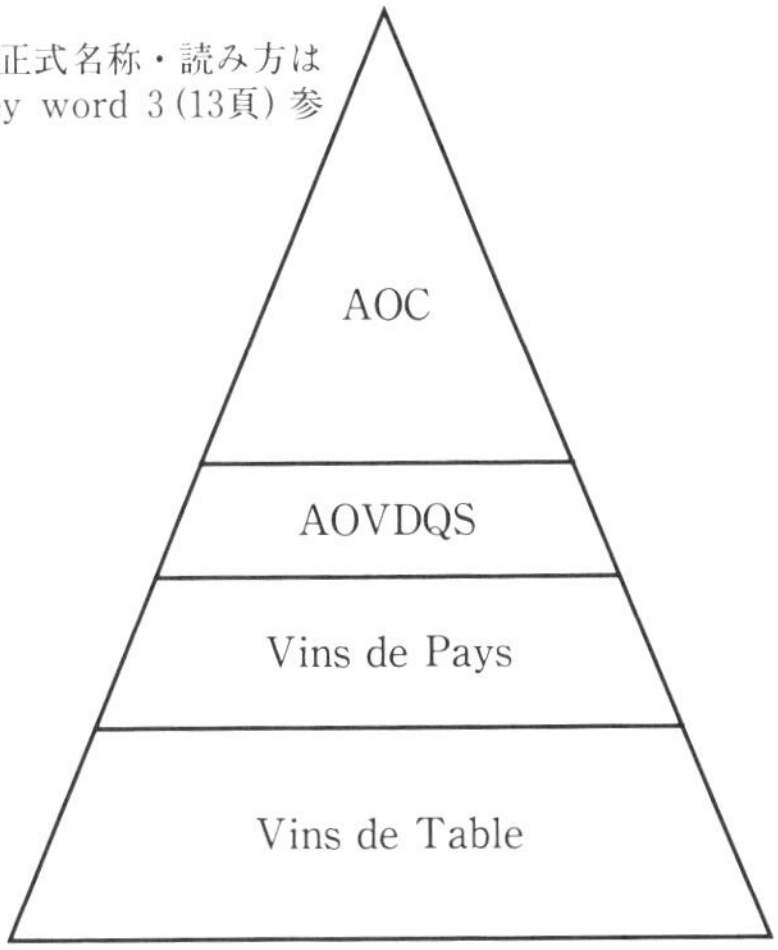


最高級のAOCワインは、法律で規定された、原産地、葡萄品種、栽培法、醸造法などの各種基準をすべて満たしたもの。ラベルに Appelation Contrôlée の文字と産地名 (Origine) が表示される。AOC表示できる生産地は、現在約400ある。

AOVDQS は、AOCほど細かくはないが、やはり法律による品質基準を満たしたワイン。

Vins de Pays はいわゆる地酒。フランス産のワインで生産地が限定されたものがこれにあたる。

Vins de Table は原産地や原産国の異なるワイン (EU内) をブレンドして造ったテーブルワインだ。

# 初心者でもわかるボルドーとブルゴーニュの違い

「ボルドーはワインの女王、ブルゴーニュはワインの王様」といわれるように、数あるフランスワインのなかで、双璧《そうへき》をなすのがボルドーとブルゴーニュである。

女王と王様にたとえられるのは、歴史的背景が関係するようだ。ボルドーは長い間イギリス領だったため、そのワインがフランス王室に知られたのはブルゴーニュよりあと。そこで、その前からいわれていた「ブルゴーニュは王様」という言葉にかけて、「ボルドーは女王」になったという。

ボルドーのワインは香りが繊細で女性的、ブルゴーニュのワインは香りが華やかで男性的だから、ともいわれる。しかし反対に、ブルゴーニュの色は淡くて女性的、ボルドーはタンニンが強くて男性的と感じる人だっているだろう。

風味の感じ方は人それぞれだが、たしかに飲み比べると、ワインを飲み慣れない人でも両者の違いははっきりわかる。だからワイン入門をするのなら、両者の飲み比べからスタートするのが常道といえる。

ブルゴーニュはさっき飲んだボルドーより少しフルーティな感じがするけど……
なんていうのか力強い感じがする

…………

## ボルドーとブルゴーニュはこんなに違う

**1 ワインの特徴**

ボルドーワインは、どっしりとした重みがあるのが特徴。ブルゴーニュワインは一般に、ボルドーワインより色調が明るく、タンニン分が少ない。

**2 名前**

ボルドーワインは「シャトー○○」といった、ワイナリーの名前、ブルゴーニュワインは村、畑など、土地の名前がワインの名前になっているものが多い。

**3 格付け**

両地域とも、法律で定められた4つの区分以外に、独自の格付けを行っている。その対象が、ボルドーでは「シャトー」、ブルゴーニュでは「畑」。

格付けシャトーあるいは畑から生まれるワインは、グラン・クリュ（Grand Cru)、あるいはプルミエ・クリュ(Premier Cru／ler Cru）といわれ、ラベルに表示されることが多い。

**4 葡萄の品種**

赤ワインにかぎると、ボルドーはおもにカベルネ・ソーヴィニヨン、カベルネ・フラン、メルロを栽培し、これらの葡萄品種を2種以上ブレンドしてワインを造る。

これに対しブルゴーニュでは、ピノ・ノワールやガメイを栽培し、単一の葡萄品種で醸造している。

**5 地形・土壌**

比較的平坦な地形のボルドーに比べ、ブルゴーニュは、変化に富んだ地形・土壌。そのため、単一品種でワインを造っていても、地域による味の違いがでてくる。

**6 造り手**

各シャトーが大規模な葡萄園をもち、栽培・醸造・出荷まで一貫して行うボルドーに対し、ブルゴーニュでは1つの畑を多数で所有する小規模経営がほとんど。同じ畑の同じ品種のワインでも、造り手によって味が異なる。

**7 醸造法**

大規模経営者が多いボルドーは近年、醸造を科学的に行う傾向が強い。温度コントローラーや、殺菌装置のついたステンレス醸造タンクなどを使い、葡萄の出来の良し悪しにかかわらず、比較的安定した品質のワインが造られている。

一方、ブルゴーニュは製造者の規模が小さいこともあるが、基本的には〝土壌によって葡萄の品質、ひいてはワインの品質も決まる〟という考えが支配的。醸造家はみな「がんこな農民」なのである。

key word 55 **ボルドー**

# 世界の赤ワインの中心にボルドーの赤がある

フランス南西部にあるボルドー地方は、ジロンド川流域に発展した土地で、十二世紀から三〇〇年間ほど、イギリス領になったことがある。当時のイギリスでは、ボルドーで造られる赤ワインは〝クラレット〟と呼ばれ、上流階級におおいに愛された。現在も、フランス全AOCワインの約三分の一がボルドーで生産され、世界中の人に愛飲されている。

ボルドーワインの魅力は何といっても、どっしりとしたフルボディの赤ワインにある。〝もっとも赤ワインらしい赤〟〝世界の赤ワインの中心的存在〟といっていいだろう。この特色は、ボルドーでの栽培の中心となっている葡萄、カベルネ・ソーヴィニヨンによってもたらされるものだ。川が運んできた、ボルドーの砂利の多い土壌は、この品種の栽培にぴったりなのだ。

ボルドーではほとんどが、カベルネ・ソーヴィニヨンを中心に、葡萄品種を二種以上ブレンドしてワインを造るが、どの品種をどんな割合で混ぜるかによって、味わいは微妙に変化する。同じ土壌・品種でも、シャトーによってそれぞれ個性的なワインになるのも、そのためである。

だから
ボルドーのワインは
各シャトーの
ブレンドのさじ加減で
味が決まる
とも言えるのね

## ボルドーのおもな地区

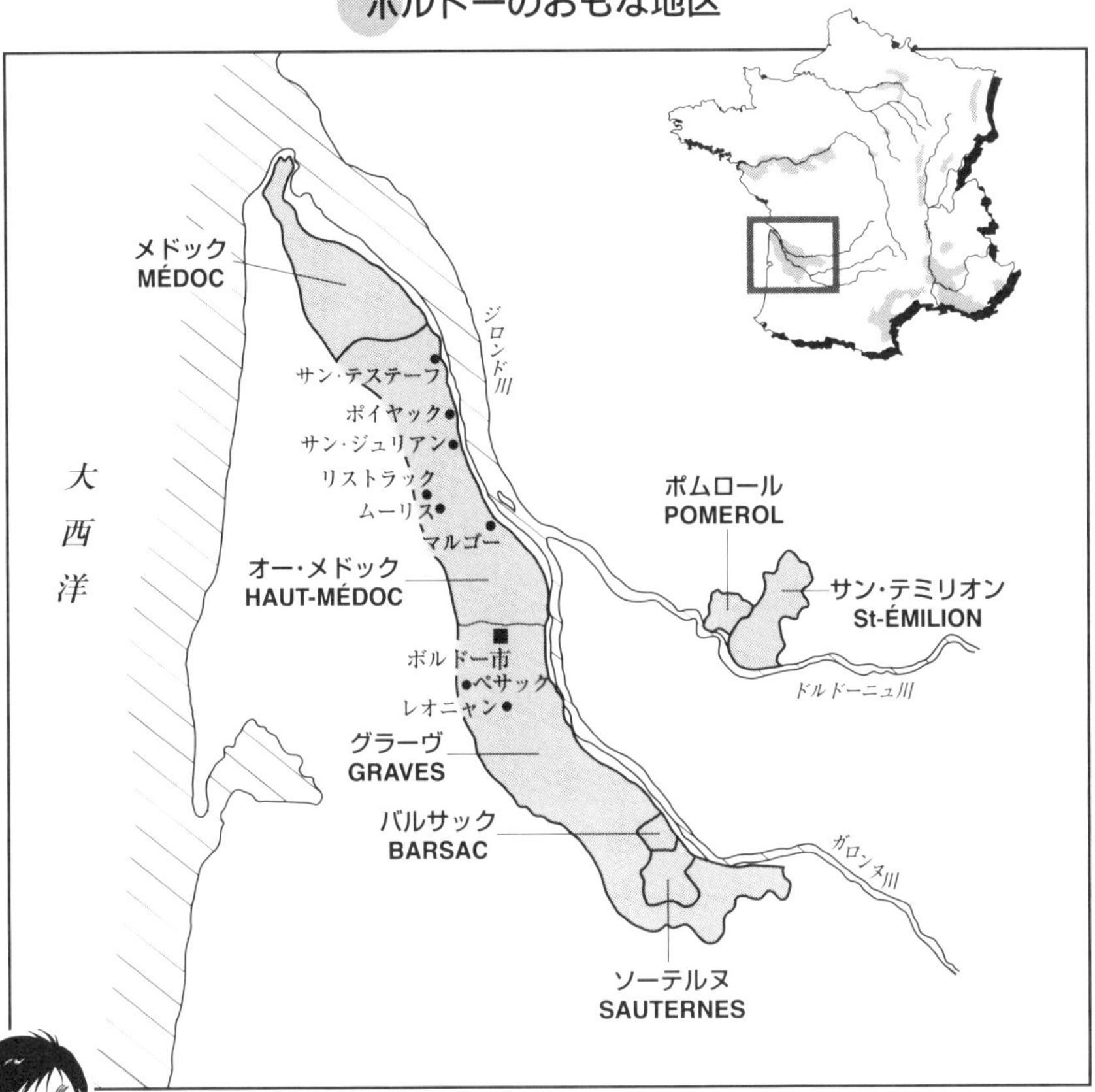

### 独自の格付けで品質を守る

ボルドーではAOCの区分とは別に、独自にシャトーを格付けしている。1855年のパリ万国博を機に、ボルドー商工会議所の主導で、メドック地区とソーテルヌ地区の格付け基準を作成したのが始まり。格付けされたシャトーのワインは、「グラン・クリュ」「プルミエ・クリュ」などといわれる。クリュ(Cru)は、日本語でいうと「銘柄」に相当する言葉。要するに、「この銘柄は素晴らしい」というお墨付きを与えることで、品質を守ろうとしているのだ。

各地域の格付け銘柄については、次頁以降を参照してほしい。

# 優良ワインは「貴族の館」で生まれる

## シャトー・ラトゥール
## Ch. Latour

ラベルには塔の絵がある。これは、ジロンド川をさかのぼってくる海賊を撃退するために造成された砦の一部。百年戦争で荒廃したこのシャトーで、塔だけが唯一生き残ったのである。

何度も所有者が変わったこのシャトー、1963年にはイギリス人が買収し、発酵に伝統的なオーク樽ではなくステンレスタンクを採用。発酵後は新樽のみを使用する、樹齢10年以上の木から収穫された葡萄しか使わない、などの厳密な規律を作り、名門の味をよみがえらせた。

その後、ラトゥールはフランス人の所有に戻った。

## シャトー・ラフィット・ロートシルト
## Ch. Lafite-Rothschild

ポイヤック村で、1355年に創設されたシャトー。

ブルゴーニュワインばかりを愛飲していたフランス宮廷。ルイ15世に寵愛されていたポンパドール夫人は、王のために現在のロマネ・コンティの畑を手に入れようとしたが、コンティ王子にさらわれる。がっかりしていた夫人に紹介されたのがこのワイン。ボルドーに追放されていた貴族が失地回復とばかりに差しだしたのだとか。

この美酒に夢中になった夫人のおかげで、これまで見向きもされなかったボルドーワインが、一挙に知れわたることになった。

＊ここで紹介したシャトーは、すべてメドック地区にある超優良シャトー。

ボルドーのワイナリーはシャトーという、ワインの女王にふさわしいロマンチックな言葉で呼ばれている。このシャトーとは、ワイン用語で、葡萄園を所有して葡萄を栽培、醸造してワインを造る生産者のことだが、ご存知のようにもともとは城とか館の意味である。なぜワイン生産者がシャトーなのか……?

ボルドーがイギリス領だった頃、この地のワインは上流階級にたいへん愛され、フランス領に戻ってからも、イギリスで人気が高かった。そこで、富裕な領主たちは大規模な葡萄園を所有し、イギリスへと輸出したのだが、このとき彼らは自分のシャトー(城)名をワイン名にした。これが現在、シャトーと呼ばれる由来である。

フランス革命後、葡萄園は一時国家に没収されたが、財力のあるワイン商や貴族が買い戻したため、大規模葡萄園を細分化させることなく、中世から続いたシャトーの歴史を守ることができた。

### シャトー・マルゴー
### Ch. Margaux

日本では近年、渡辺淳一の(というより、黒木瞳・川島なお美の……?)『失楽園』で「愛する人と最後に飲むワイン」として取り上げられてブレイクしたが、フランスでは、ポンパドール夫人の次にルイ15世に寵愛されたデュ・バリ夫人が愛飲したことによって有名になった。

壮麗なギリシャ神殿風の現在のシャトーは、重要記念建築物に指定されている。このシャトーに滞在し、美酒に酔いしれたのが、文豪ヘミングウェイ。孫娘で女優のマーゴ・ヘミングウェイは、シャトーの名から命名されたという。

### シャトー・ムートン・ロートシルト
### Ch. Mouton-Rothschild

1350年に創設されて以来、たびたび所有者が代わったムートンは、1853年にイギリスの実業家ロスチャイルド家の三男に買収された。その2年後に行われた初のシャトー格付けのさい、ムートンは2級にランクされ、「なんでも1番が当然」のロスチャイルド家はたいそう屈辱に感じていたとか。

1922年、20歳でシャトー経営を引き継いだ当主フィリップは、良質のワイン造りに心血を注ぎ、ついに1973年、買収から118年目にして、悲願の第1級に格上げされた。

## key word 57　ボルドー／メドック

# 最高の葡萄畑は川の見える場所にある

ボルドー地方のなかでも、超高級赤ワインがうなっているのが、メドック地区である。とくに優良なワインを生むシャトーは、一級から五級まで五段階に格付けされている。一級の五つのシャトー（ラフィット、ラトゥール、ムートン、マルゴー、グラーヴ地区のオー・ブリオン）は、「五大シャトー」と称される名実ともに特級品のワインたちだ。

　メドック地区は、ジロンド川の下流域に広がる地で、大きくは二つの地域に分けられる。中部から上流地域をオー・メドック、下流地域をバ・メドックという。最上級ワインを生産しているのは、オー・メドックのほうだ。〝オー〟は、高いという意味。南部の比較的高い地にあるので、この名がついている。川を見下ろす太陽の恵みあふれたこの地で、最良の葡萄が栽培され、最良のワインが造られているのだ。

　メドック地区には約五〇の村（コミューン）があるが、そのうちの六つの村で造られるAOCワイン（一一九頁参照）は、産地名として村名を表示できる。たんにメドックあるいはオー・メドックと表示されたものより、個性的なワインだ。

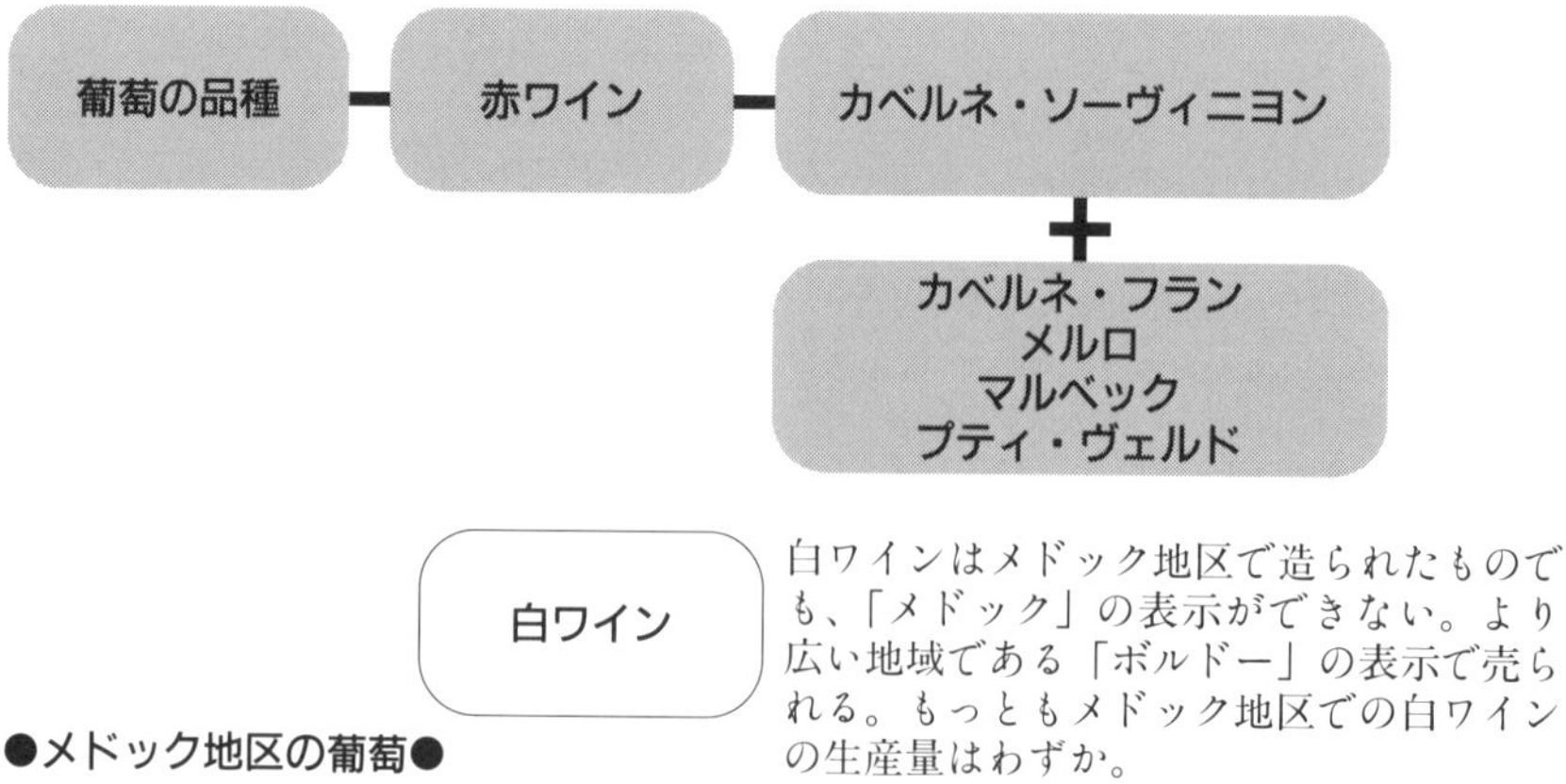
葡萄の品種
赤ワイン
カベルネ・ソーヴィニヨン
カベルネ・フラン
メルロ
マルベック
プティ・ヴェルド
白ワイン
白ワインはメドック地区で造られたものでも、「メドック」の表示ができない。より広い地域である「ボルドー」の表示で売られる。もっともメドック地区での白ワインの生産量はわずか。

●メドック地区の葡萄●

## ラベルに記された村名でワインの特徴がわかる

**メドック**
**Médoc**

北部低地のバ・メドック産の赤ワイン

**オー・メドック**
**Haut-Médoc**

南部のやや高地で造られる赤ワイン。以下の６つの村で造られたワインは地域名の「Haut-Médoc」ではなく、村名を表示することが認められている。

**サン・テステーフ**
**St-Estéphe**

オー・メドックの最北端にあり、砂利が少ない粘土質の多い土壌である。どっしりしたワインが造られているが、最近はメルロを多く使用することで、味がしなやかになってきている。

**ポイヤック**
**Pauillac**

カベルネ・ソーヴィニヨンにもっとも適した、砂利の多い土壌。この品種の特色をいかした、力強い芳醇なワインが造られている。第１級格付けのシャトーが３つある。

**サン・ジュリアン**
**St-Julien**

ポイヤックとマルゴーにはさまれた、ごく狭い地域で、カベルネ・ソーヴィニヨンに適した砂利の多い土壌。ポイヤックとマルゴーの中間的な、バランスのよいワインが造られている。

**リストラック**
**Listrac**

小石混じりで、カベルネ・ソーヴィニヨンに適した土壌。サン・ジュリアンに似た丸みのある繊細なワインが造られているが、やや熟成が早いといわれ、格付けワインはない。

**ムーリス**
**Moulis**

サン・ジュリアンとマルゴーの間にある地域で、石灰を含んだ砂礫《されき》土壌。風味豊かでやわらかな味のワインが造られているが、リストラック同様、格付けワインはない。

**マルゴー**
**Margaux**

オー・メドックの南端に位置し、砂利層が深く水はけがひじょうにいい、良質の土壌をしている。広大な作付け面積があり、繊細でエレガントなワインが造られている。格付けシャトーの数は、６つの村でもっとも多い。

## メドック地区の優良シャトーはこれ

| 1級 | 地域名（ |
|---|---|
| — | サン・テ<br>1級…0、2級·<br>4級…1、5級…1 |
| *Ch.Lafite-Rothschild*　シャトー・ラフィット・ロートシルト<br>(Carruades de Lafite Rothschild《カリュアド・ド・ラフィット・ロートシルト》)<br>*Ch.Latour*　シャトー・ラトゥール<br>(Les Forts de Latour《レ・フォール・ド・ラトゥール》)<br>*Ch.Mouton-Rothschild*　シャトー・ムートン・ロートシルト<br>(Le Petit Mouton de Mouton Rothschild《ル・プティ・ムートン・ド・ムートン・ロートシルト》) | ポイヤック<br>1級…3、2級…2、3級…0、<br>4級…1、5級…12 |
| — | サン・ジュリアン<br>1級…0、2級…5、3級…2、<br>4級…4、5級…0 |
| *Ch.Margaux*　シャトー・マルゴー<br>(Pavillon Rouge du Châeau Margaux《パヴィヨン・ルージュ・デュ・シャトー・マルゴー》) | マルゴー<br>1級…1、2級…5、3級…10、<br>4級…3、5級…2 |
| *Ch.Haut-Brion*　シャトー・オー・ブリオン<br>→グラーヴ地区のワイン（131頁参照） | その他<br>1級…1、2級…0、3級…1、<br>4級…1、5級…3 |

### 格付け表はあくまで目安

メドック地区のシャトー格付けは1855年に行われたが、長い間改定されずに既得権として世襲されており、現在の実態とは、ちょっとズレている感じもある。シャトー・ピション・ロングヴィルをはじめ、2級以下にランク付けされていても1級並みの評価をされる「スーパーセカンド・ワイン」もあれば、「なんで、これが格付けされてるの？」と噂されるものもある。

また、格付けにもれた生産者を対象に「ブルジョア・クラス（クリュ・ブルジョワ)」という別の格付けも行われ、1988年以降、ラベルへの表示も認められている。

Ch.＝Château／（　）内はセカンド・ラベル名

| 3～5級 | 2級 |
|---|---|
| 3級のシャトー・カロン・セギュール（Ch.Calon-Ségur）はハートのマークのラベルで有名（35頁参照）。 | *Ch.Cos d'Estournel* シャトー・コス・デストゥールネル<br>(Les Pagodes de Cos《レ・パゴドゥ・ド・コス》)<br>*Ch.Montrose* シャトー・モンローズ<br>(La Dame de Montrose《ラ・ダム・ド・モンローズ》) |
| 5級ながらシャトー・ランシュ・バージュ（Ch.Lynch-Bages）はスーパーセカンドの呼び名が高い。 | *Ch.Pichon-Longueville Baron* シャトー・ピション・ロングヴィル・バロン<br>(Les Tourelles de Longueville《レ・トゥーレル・ド・ロングヴィル》)<br>*Ch.Pichon-Longueville Comtesse de Lalande* シャトー・ピション・ロングヴィル・コンテス・ド・ラランド<br>(La Réserve de la Comtesse《ラ・レゼルヴ・ド・ラ・コンテス》) |
| 3級のシャトー・ラグランジュ（Ch.Lagrange）はサントリーの所有。4級のシャトー・ベイシュヴェル（Ch.Beychevelle）は高い評価を受けている。 | *Ch.Léoville-Las-Cases* シャトー・レオヴィル・ラス・カーズ<br>(Clos du Marquis《クロ・デュ・マルキ》)<br>*Ch.Léoville-Poyferré* シャトー・レオヴィル・ポアフュレ<br>(Ch.Moulin-Riche《ムーラン・リッシュ》)<br>*Ch.Léoville-Barton* シャトー・レオヴィル・バルトン<br>(Lady Langoa《レディ・ランゴア》)<br>*Ch.Gruaud-Larose* シャトー・グリュオ・ラローズ<br>(Sarget de Gruaud-Larose《サルジェ・ド・グリュオ・ラローズ》)<br>*Ch.Ducru-Beaucaillou* シャトー・デュクリュ・ボーカイユ<br>(La Croix《ラ・クロワ》) |
| 3級のシャトー・パルメ（Ch.Palmer）は1級並みの実力をもつスーパーセカンド・ワイン。 | *Ch.Rausan-Ségla* シャトー・ローザン・セグラ<br>(Mayne de Jeannet《メーヌ・ド・ジャネ》)<br>*Ch.Rausan-Gassies* シャトー・ローザン・ガシー<br>(Enclos de Moncabon《アンクロ・ド・モンカボン》)<br>*Ch.Durfort-Vivens* シャトー・デュフォール・ヴィヴァン<br>(Domaine de Cure-Bourse《ドメーヌ・ド・キュレ・ブルス》)<br>*Ch.Lascombes* シャトー・ラスコンブ<br>(Ch.Segonnes《シャトー・スゴンヌ》)<br>*Ch.Brane-Cantenac* シャトー・ブラヌ・カントナック<br>(Le Barbon de Brane《ル・バルボン・ド・ブラーヌ》) |
| — | — |

## 「セカンド・ラベル」はお買い得

このところ人気がでているワインに、優秀シャトーによる〝セカンド・ラベル〟がある。高級ワインの原料となる良質の葡萄は比較的古い木から収穫される（樹齢の基準はシャトーによって異なる）が、若い木の葡萄や、葡萄の出来がシャトーの基準に達しない場合に造られているのが、セカンド・ラベルだ。

別の名称がつけられてはいるが、醸造にはシャトーものと同じように手間暇がかけられており、けっして二流ワインというわけではない。やや軽めだが、味わいはなかなか。値段も手ごろなお買い得品だ。

# 〝五大シャトー〟の一つがある

ガロンヌ川の左岸にあるグラーヴは、ボルドーのなかでも最古のワイン産地であり、メドックと肩を並べる有名ワインの産地だ。ボルドー港にいちばん近く、輸送の便がいいことから、ボルドーワインを世界に広めたのもこの地区といわれる。

グラーヴとは「砂利」という意味。その名のとおり、小石混じりの砂利質と、少量の粘土質が混じり合った土壌が、この地区のワインに独特の味わいを与えている。

グラーヴ地区では、赤ワインと白ワインが、ほぼ同じくらいの割合で造られている。

赤ワインは、メドックと比肩する優秀な品質で、メドックよりソフトで繊細な口あたりをしている。なかでも、シャトー・オー・ブリオンは、メドックの四つの第一級シャトーとともに〝五大シャトー〟として知られている。白ワインは辛口タイプのほうが良質である。

この地区には三六の村があるが、優良ワインは、地区内で唯一独立したAOCをもつレオニャン村に集中している。

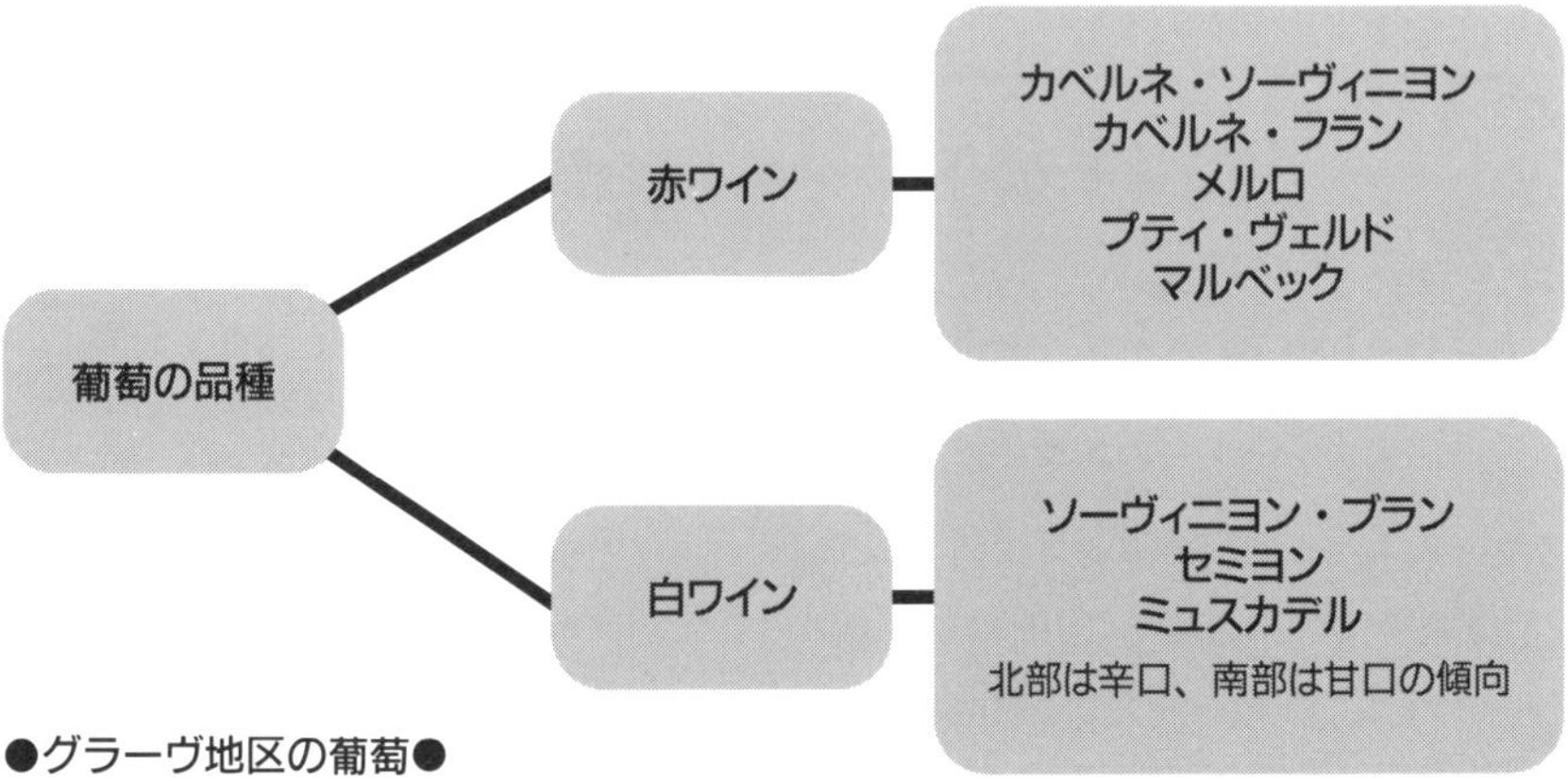


●グラーヴ地区の葡萄●

## ラベルに記される産地名はこれ

**グラーヴ** *Graves Rouges*

**ペサック・レオニャン** *Pessac-Léognan*

**グラーヴ・シュペリュール** *Graves Supérieures*

## グラーヴ地区の優良シャトーはこれ

シャトー・オー・ブリオンはグラーヴ地区を代表する第１級品。その他、以下のシャトーが優良とされる。 (Ch.＝Château)

### 赤ワインのみ

Ch. de Fieuzal シャトー・ド・フューザル
Ch. Haut-Bailly シャトー・オー・バイイ
Ch. La Tour-Haut-Brion シャトー・ラ・トゥール・オー・ブリオン
Ch. La Mission-Haut-Brion シャトー・ラ・ミッション・オー・ブリオン
Ch. Pape-Clément シャトー・パプ・クレマン
Ch. Smith-Haut-Lafitte シャトー・スミス・オー・ラフィット

### 赤・白ワイン

Ch. Bouscaut シャトー・ブスコー
Ch. Carbonnieux シャトー・カルボニュー
Domaine de Chevalier ドメーヌ・ド・シュヴァリエ
Ch. La Tour-Martillac シャトー・ラ・トゥール・マルティヤック
Ch. Malartic-Lagravière シャトー・マラルティック・ラグラヴィエール
Ch. Olivier シャトー・オリヴィエ

### 白ワインのみ

Ch. Couhins シャトー・クーアン
Ch. Couhins-Lurton シャトー・クーアン・リュルトン
Ch. Laville-Haut-Brion シャトー・ラヴィル・オー・ブリオン

●シャトー物語／グラーヴ編●

### シャトー・オー・ブリオン *Ch. Haut-Brion*

ナポレオン政権下の外相クレイランに愛され、ウィーン会議で各国外交官にふるまわれてフランスの安泰に一役買ったのが、グラーヴ地区にあるシャトー・オー・ブリオン。

このシャトーはおもしろいことに、メドック地区の第１級シャトーでもある。1855年のシャトー格付けのとき、グラーヴ地区の格付けは行われなかったが、そのときすでにこのシャトーの名声がヨーロッパ中に響きわたっていたため、例外的に格付けされた。その後、1953年のグラーヴ地区の格付けで、あらためて第１級とされた。

# メルロ種主体のなめらかな赤ワインを産する

サン・テミリオン地区は、フランス屈指の美しい川、ドルドーニュ川を見下ろす丘にある。サン・テミリオン村とその周囲にある4つの村がこの地区を形成している。

日照時間が長く、水はけのいい粘土質の白亜土の土壌が葡萄栽培に適し、ローマ時代からワイン造りで名が知られていた。

サン・テミリオンでは、おもに赤ワインが造られている。ここで使われる品種は、カベルネ・ソーヴィニヨンではなく、メルロが主体。だから、渋みが少なく香り豊かな、絹のようになめらかな赤ワインができあがる。ルイ十四世が、この地で産した味わい豊かなワインを「甘美な美酒」と賛美したというのも納得できる。

この地は、コートと呼ばれる丘と、グラーヴと呼ばれる平地に大別できるが、それぞれ多少風味が異なる。コートのワインは、若いうちは多少渋みがあり、熟成するうちに重みとコクが深まる。一方グラーヴのワインは、若いときから繊細で瑞々《みずみず》しい魅力を発揮し、比較的若い年数で飲み頃になるといわれている。

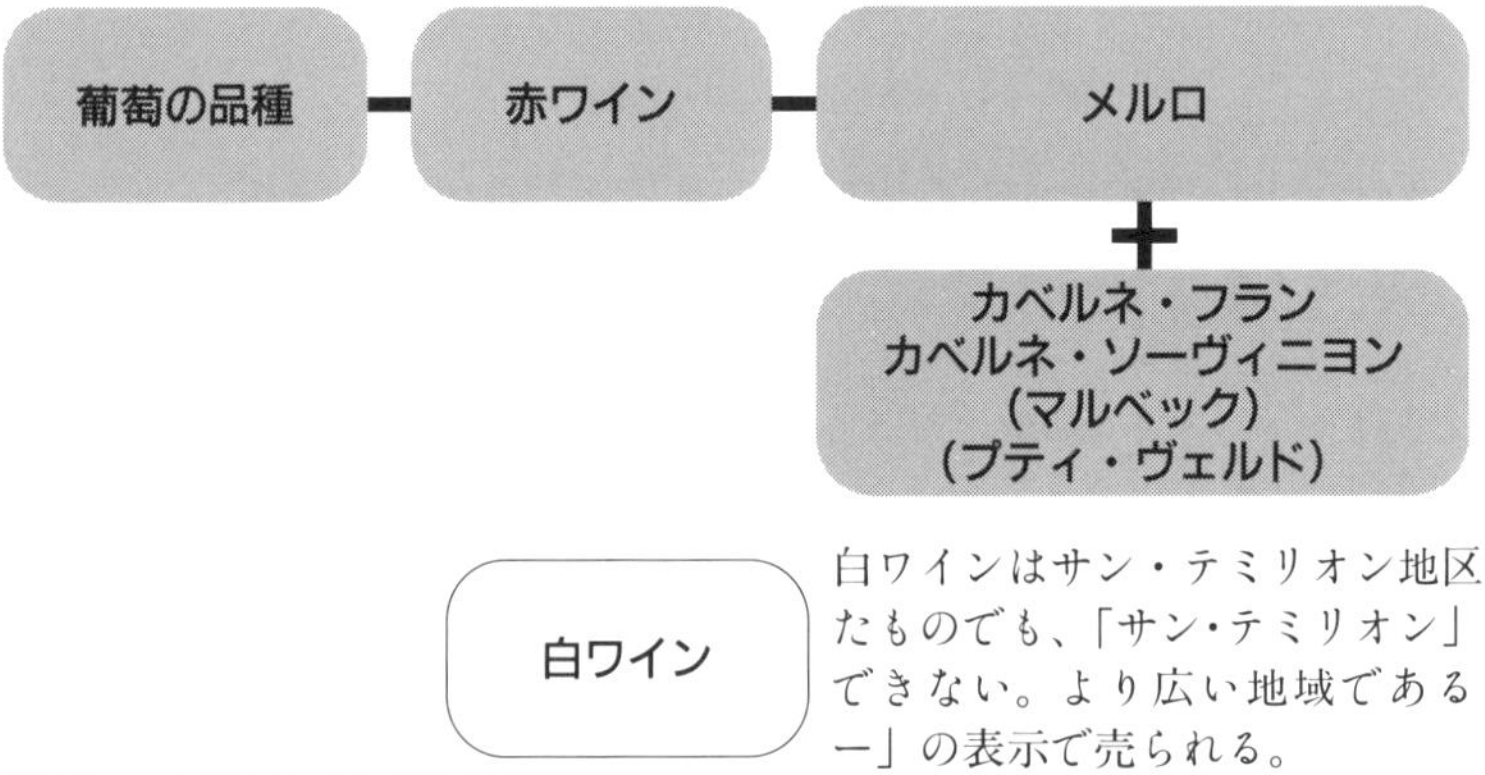


白ワインはサン・テミリオン地区で造られたものでも、「サン・テミリオン」の表示ができない。より広い地域である「ボルドー」の表示で売られる。

●サン・テミリオン地区の葡萄●

## ラベルに記される産地名はこれ

サン・テミリオン・グラン・クリュ *Saint-Émilion Grand Cru*
サン・テミリオン *Saint-Émilion*
リュサック・サン・テミリオン *Lussac Saint-Émilion*
モンターニュ・サン・テミリオン *Montagne Saint-Émilion*
サン・ジョルジュ・サン・テミリオン *St Georges Saint-Émilion*
ピュイスガン・サン・テミリオン *Puisseguin St-Émilion*

## サン・テミリオン地区の優良シャトーはこれ

プルミエ・グラン・クリュ（第1特別級）に格付けされたシャトーが13あり、なかでも※印の2シャトーは優良（A級）とされる。 (Ch.＝Chateâu)

Ch. Ausone シャトー・オー・ゾンヌ※
Ch. Cheval Blanc シャトー・シュヴァル・ブラン※
Ch. L'Angélus シャトー・ランジェリュス
Ch. Beau-Séjour-Bécot シャトー・ボーセジュール・ベコー
Ch. Beauséjour シャトー・ボーセジュール
Ch. Belair シャトー・ベレール
Ch. Canon シャトー・カノン
Clos-Fourtet クロ・フルテ
Ch. La Gaffelière シャトー・ラ・ガフリエール
Ch. Magdelaine シャトー・マグドレーヌ
Ch. Pavie シャトー・パヴィ
Ch. Trottevieille シャトー・トロットヴィエイユ
Ch. Figeac シャトー・フィジャック

この他、近年、人気の高い注目シャトーもあげておく。

Ch. Valandraud シャトー・ヴァランドロー
Ch. la Mondotte シャトー・ラ・モンドット
Ch. Tertre-Rôteboeuf シャトー・テルトル・ロードブッフ

●シャトー物語／サン・テミリオン編●

### シャトー・シュヴァル・ブラン *Ch. Cheval Blanc*

有名なワイン好きで「ワインの王」と呼ばれていたアンリ4世が、パリから故郷の南フランスに帰るさい、白馬＝シュヴァル・ブランに乗り、このシャトーの前身である宿屋に泊まった。これがシャトー名の由来だといわれる。

この地域は、1956年にマイナス24度という大寒波に見まわれた。このとき、葡萄の木がほとんど枯れてしまうという事態が起こった。それでも、所有者であるローザック家は自然の力を信じ、植え替えは最小限にとどめ、5年の歳月をかけて見事に葡萄畑を再生させた。

# 生産量の少なさでさらに名声が高まる

ポムロールは、ドルドーニュ川の右岸にある、ボルドーでもっとも小さな地区である。葡萄園も小規模なものばかりで、メドックの豪華なシャトー群と比べると、たいへん質素なイメージを与える。でも、そこから生まれるワインはグラマラスだ。

ポムロールで栽培される品種は、メルロが四分の三を占め、残りのほとんどがカベルネ・フラン。メルロ種が主体であることから、メドックのワインよりタンニンが少なく、香り豊かで丸みのある、ビロードのようになめらかな赤ワインができあがる。

公式にはシャトーの格付けを行っていないが、シャトー・ペトリュス、ル・パンなど、有名なシャトーがいくつもあり、高い品質を誇っている。とはいえ、土地が狭いだけに生産量が少なく、一八七八年のパリ万国博でシャトー・ペトリュスが金賞に輝いたにもかかわらず、国外に名が知られることはなかった。ポムロールの名が世界に広く知られるようになったのは、第二次世界大戦以降のことである。現在では、生産量の少なさが希少価値を生み、その名は高まる一方だ。

ペトリュスの畑は
他のポムロールの
畑の土壌とは違う
鉄分の多い粘土質でした
これがメルロ種と
絶妙の相性を示すことを
天才醸造家が発見した…
もともとの希少性に加え
ブレンド比率を
変えることで
品質も向上した
鑑定家の後押しもあって
評価が高まったのです

## ラベルに記される産地名はこれ

**ポムロール**　*Pomerol*
**ラランド・ド・ポムロール**　*Lalande-de-Pomerol*

## ポムロール地区の優良シャトーはこれ

ポムロール地区では公式的な格付けは行われていない。しかし、以下のシャトーは別格扱いされている。

(Ch.＝Chateâu)

Ch. Pétrus　シャトー・ペトリュス
Ch. Certain-de-May　シャトー・セルタン・ド・メイ
Ch. La Conseillante　シャトー・ラ・コンセイヤント
Ch. L'Evangile　シャトー・レヴァンジル
Ch. La Fleurs-Pétrus　シャトー・ラ・フルール・ペトリュス
Ch. Lafleur　シャトー・ラフルール
Ch. Trotanoy　シャトー・トロタノワ
Vieux Château Certan　ヴィュー・シャトー・セルタン
Le Pin　ル・パン
Ch. L'Eglise-Clinet　シャトー・レグリーズ・クリネ
Ch. Clinet　シャトー・クリネ
Ch. Belle-Brise　シャトー・ベル・ブリーズ

**●シャトー物語／ポムロール編●**

### シャトー・ペトリュス　*Ch. Pétrus*

ペトリュスとポムロールの名が世界に広まったのは、1950年頃にニューヨークの高級フランス料理店が、このワインを売り物にしたことによる。顧客のケネディー、ロックフェラー、オナシスといった大物に名が広まり、上流社会で愛飲されるようになった。
その背景には、1945年にこのシャトーを買収したホテル経営者の妻、ルーバの努力があったという。ルーバ夫人の後を引き継いだムエックス社は、天才醸造家を招聘《しょうへい》、メルロ種のブレンド率を70%から95%に引き上げ、このワインの価値をさらに高めることに成功した。

# フランス最良の甘口白ワインが飲める

ソーテルヌは、ガロンヌ川左岸に、グラーヴ地区に囲まれるように位置する丘陵地にある。この地区で特記されるのは、世界有数の甘口白ワインを産することだ。

芳醇な香りととろけるような優美な甘味をもった黄金色の白ワインは、貴腐ワインとして世界中に広く知られている。

貴腐ワインの原料となる貴腐葡萄は、セミヨンなど、果皮が薄めの白葡萄が貴腐菌によって変化したもの。一定の気候条件下のみでできるが、この地区はまさにその条件を満たす地である。暖かいガロンヌ川に冷たい水のシロン川が流れ込んでくることから、その温度差によって霧が生じやすく、霧による湿気が、葡萄に貴腐菌を生じさせるのである。

甘口ワインで有名なソーテルヌだが、じつは辛口白ワインも造られている。貴腐葡萄にならなかったセミヨンや、貴腐化しにくいソーヴィニヨン・ブランを使ったもので、昔からシャトーを訪れたＶＩＰに供されていた。このワインはボルドーまたはボルドー・シュペリュールの表示で市場にでていて、めずらしさもあって、けっこう人気があるようだ。

葡萄の品種 ― 白ワイン ― セミヨン
＋
ソーヴィニヨン・ブラン
ミュスカデル

赤ワイン
ソーテルヌ地区では、赤ワインは造られていない

●ソーテルヌ地区の葡萄●

## ラベルに記される産地名はこれ

バルサックはソーテルヌ地区の村の１つ。村名でAOC表示できる。その他の村で造られるワインは村名ではなく、ソーテルヌと表示される。

**ソーテルヌ**　*Sauternes*
**バルサック**　*Barsac*

## ソーテルヌ地区の優良シャトーはこれ

特別１級として１シャトー、１級に11シャトーが格付けされている。このほか15のシャトーが２級に格付けされている。

(Ch.＝Château)

### 特別１級

Ch. d'Yquem　シャトー・ディケム

### 第１級

Ch. Climens　シャトー・クリマン
Ch. Clos Haut-Peyraguey　シャトー・クロ・オー・ペラゲ
Ch. Coutet　シャトー・クーテ
Ch. Guiraud　シャトー・ギロー
Ch. Lafaurie-Peyraguey　シャトー・ラフォリ・ペラゲ
Ch. Rabaud-Promis　シャトー・ラボー・プロミ
Ch. de Rayne Vigneau　シャトー・ド・レイヌ・ヴィニョ
Ch. Rieussec　シャトー・リューセック
Ch. Sigalas Rabaud　シャトー・シガラ・ラボー
Ch. Suduiraut　シャトー・シュディロー
Ch. La Tour Blanche　シャトー・ラ・トゥール・ブランシュ

●シャトー物語／ソーテルヌ編●

### シャトー・ディケム　*Ch. d'Yquem*

どのような経緯で貴腐ワインができたのか。このシャトーに残る逸話によれば――。1847年、領主のサリュース伯爵が、自分が帰るまで葡萄の収穫をしないよう言いおいてロシアにでかけたが、帰郷が遅れ、帰ったときには葡萄がカビだらけになっていた。それでも「ええい、もったいない」と、そのまま醸造し、瓶に詰めて蔵にしまい込んでいた。

約10年後、ロシア皇帝の弟がシャトーに立ち寄り、たまたまこのワインを味見して絶賛。これをきっかけに、本格的に貴腐ワインの製造を始めた、という。

# 畑が一〇メートル離れるとまったく違うワインになる

ボルドーと双璧をなす銘醸地ブルゴーニュでは、葡萄品種がブレンドされることはほとんどなく、単一品種でワインが造られる。赤ワインはピノ・ノワールかガメイ、白ワインはシャルドネが中心である。

　この地方の赤ワインは全体的に、タンニンが少なく、ビロードのようななめらかさをもつのが特徴だ。しかし個別の銘柄でみてみると、同じ単一品種で造られているのに、じつにそれぞれ個性的な風合いをもつ。

　この個性をもたらす要因の一つは、ブルゴーニュの土地柄にある。ブルゴーニュ地方は、太古の昔、隆起《りゅうき》によってつくられたゆるやかな丘陵地だ。成分の異なった土壌がパイ皮のように複雑に重なり合っている。たった一〇メートル離れた場所でも土壌の性質が異なっている。

　またブルゴーニュの丘は、東に面した片側傾斜になっており、二〇〇メートルの高低差がある。低いほうは栄養分がたまりすぎ、良質の葡萄は育てにくい。かといって高すぎると今度は気温が低くなりすぎる……といったように、畑の「高さ」も関係してくる。なんとも複雑に要素が絡《から》み合って、ブルゴーニュの多様さを生んでいる。

セザ
同じ単一の品種なら どこも同じ味に なっちゃうんじゃないの？

そこが ブルゴーニュワインの 凄《すご》いところよ
その葡萄が育つ 畑の土壌で 味の香りが全然 違ってくるのね

## ブルゴーニュのおもな地区

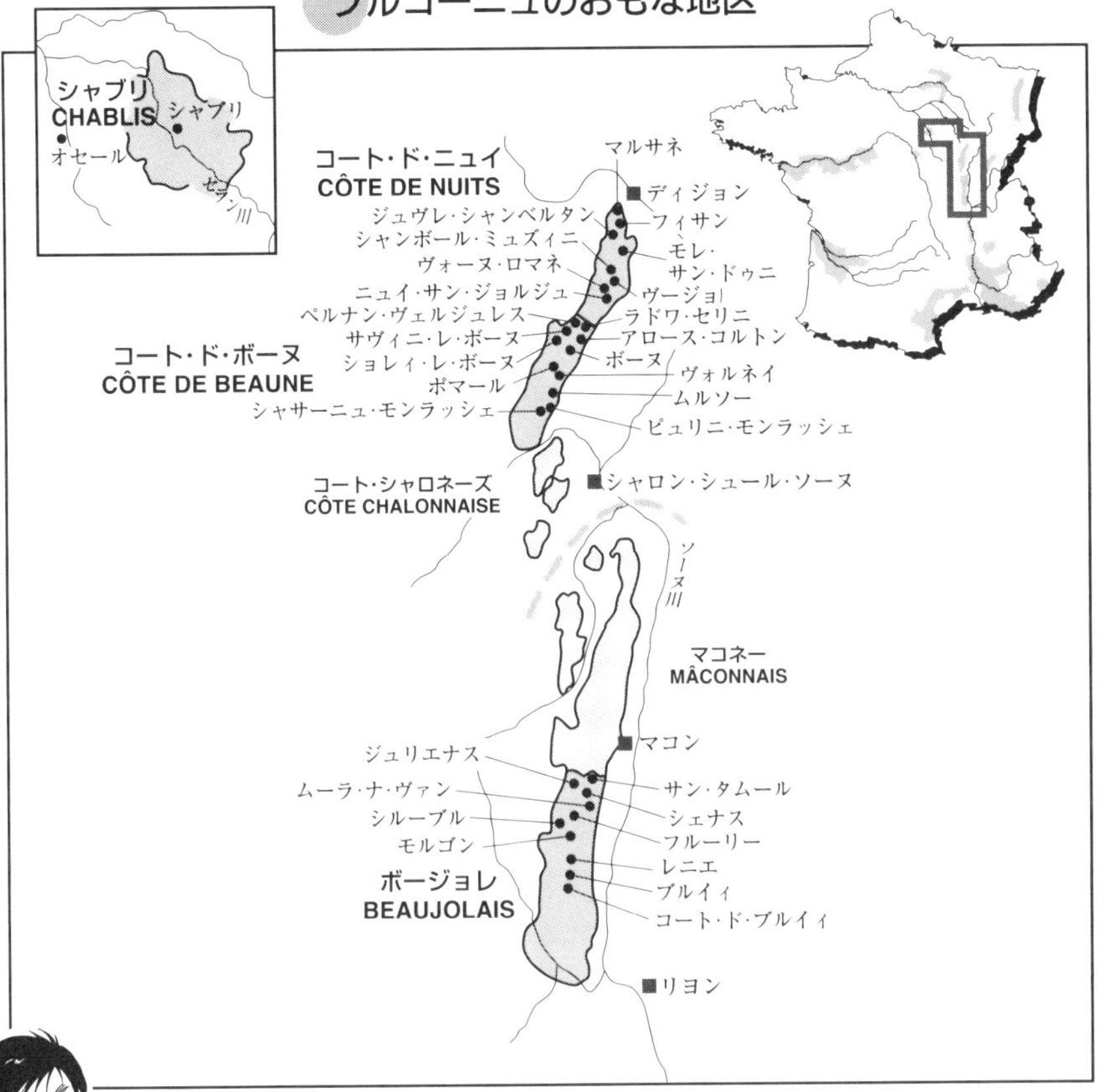

### 「畑」まで格付けの対象になる

AOCワインは、ラベルに表示される産地名が狭い地域であるほど、上級品という傾向があることについては前にも述べた(12頁参照)。これが、ひじょうにわかりやすいのがブルゴーニュだ。同じブルゴーニュ地方でも、単に「ブルゴーニュ」と表示されるものから、地方名、地区名、村名、さらには葡萄畑の名前の表示が認められているものまである。

畑名表示ワインも、1級畑（プルミエ・クリュ）、特級畑（グラン・クリュ）と、さらに細分化されている。葡萄畑の質がワインの質を左右するブルゴーニュならではの格付け方法なのだ。

## key word 63 ブルゴーニュ／ドメーヌとネゴシアン

# 一つの畑に所有者が八〇人というケースも

　ブルゴーニュは、小規模な単位でワイン造りが行われているのが特徴だ。フランス革命後、国家に没収されていた葡萄畑が貴族たちに買い戻されたボルドーと異なり、この地では農民に分割して与えられた。親子兄弟で畑を相続していくなかで、さらに細分化が進み、なかには五五ヘクタールほどの畑に八〇人もの所有者がいるケースがあるほどだ（コート・ド・ニュイ地区のクロ・ド・ヴージョ）。こうした小規模生産者が現在では一万人もおり、一人平均の所有面積は約四ヘクタールという。

　出荷まで一貫して行う生産者（ドメーヌ）もいるが、栽培・醸造はしても、瓶詰め設備をもっていない生産者も多い。そこでネゴシアンと呼ばれるワイン商が樽のまま買い付けて、同じ畑の他のワインとブレンドして出荷する。

　このようにブルゴーニュでのワイン造りはひじょうに複雑で、造り手やネゴシアンの技術などによって品質に大きな差がでるし、個性も違ってくる。玉石混淆《ぎょくせきこんこう》ともいえる地だが、それだけに飲み比べの楽しさは格別なものがある。

うらやましいかぎりだね

### 1つの畑全部を所有するモノポール

　1つの畑が複数の人に分割されているブルゴーニュだが、例外もある。1つの畑を1個人あるいは1法人が所有しているケースがあるのだ。このような畑はモノポールと呼ばれ、造り手の個性がより色濃く現れてくる。

　有名なロマネ・コンティも、モノポール所有の畑（ワイン）の1つである。この畑をもつドメーヌ・ド・ラ・ロマネ・コンティ社は、頭文字をとってDRCと呼ばれている。ロマネ・コンティだけでなくラ・ターシュ、ラ・ロマネなど、銘醸畑を数多く所有する、ブルゴーニュのワイン王だ。

## ブルゴーニュワインは「造り手」が大事

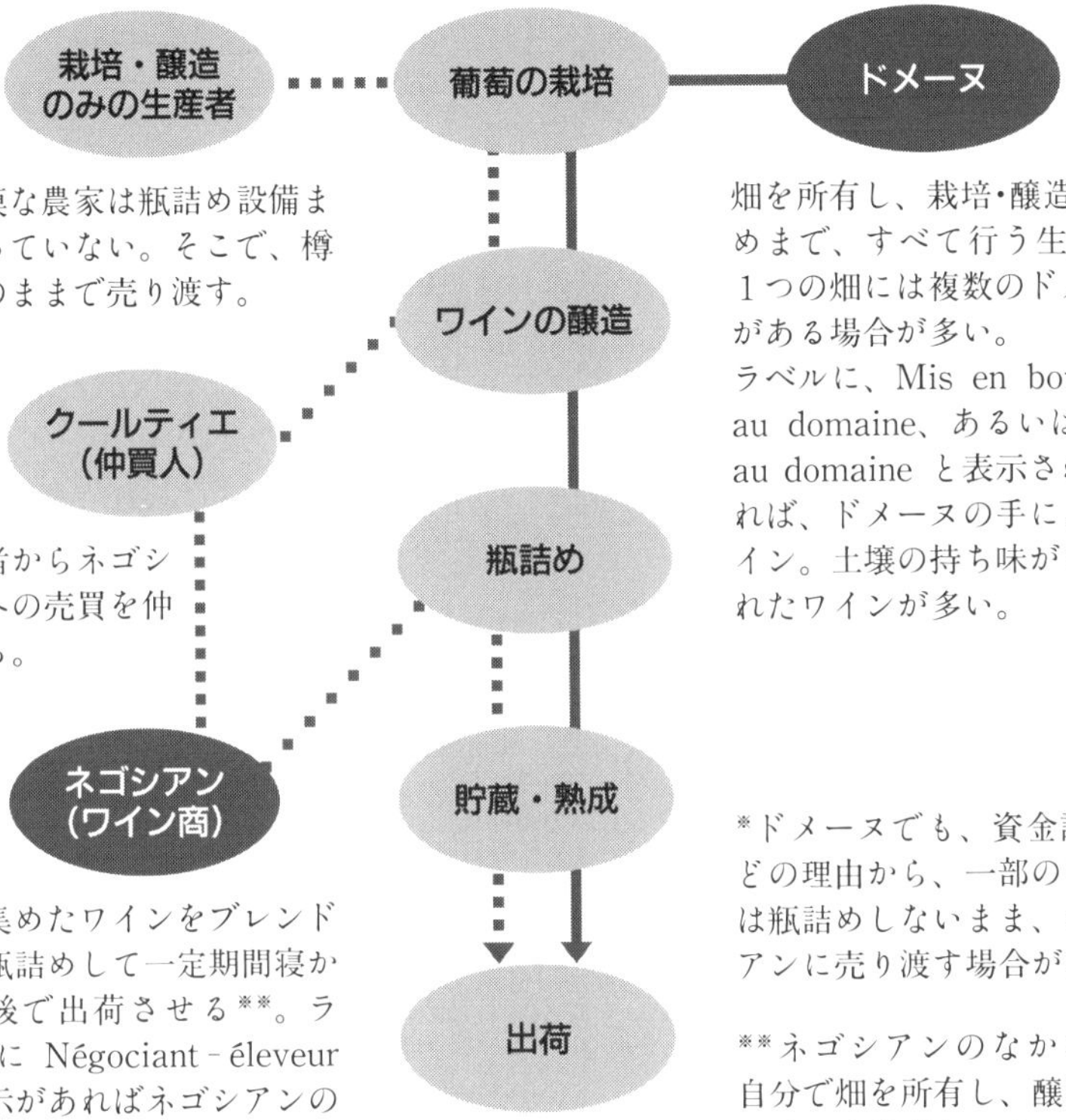
栽培・醸造のみの生産者
葡萄の栽培
ドメーヌ
ワインの醸造
クールティエ（仲買人）
瓶詰め
ネゴシアン（ワイン商）
貯蔵・熟成
出荷

小規模な農家は瓶詰め設備までもっていない。そこで、樽詰めのままで売り渡す。

畑を所有し、栽培・醸造・瓶詰めまで、すべて行う生産者*。1つの畑には複数のドメーヌがある場合が多い。
ラベルに、Mis en bouteille au domaine、あるいは Mis au domaine と表示されていれば、ドメーヌの手によるワイン。土壌の持ち味がいかされたワインが多い。

生産者からネゴシアンへの売買を仲介する。

買い集めたワインをブレンドし、瓶詰めして一定期間寝かせた後で出荷させる**。ラベルに Négociant - éleveur の表示があればネゴシアンの手によるもの。ブレンド技術の差がワインの味わいに反映される。

*ドメーヌでも、資金調達などの理由から、一部のワインは瓶詰めしないまま、ネゴシアンに売り渡す場合がある。

**ネゴシアンのなかには、自分で畑を所有し、醸造を行っている業者もいる。

何だか よく わからなくなったな
ドメーヌというのは ボルドーで言うところの シャトーとほぼ同じと 考えていいでしょう
ブルゴーニュの40%は ドメーヌもので 60%がネゴシアンもの といった比率です

# 辛口白ワインの代名詞、シャブリは地区の名前

シャブリといえば、辛口白ワインの総称のようにいわれることが多い。事実、カリフォルニアやオーストラリアなどには、名声にあやかり、シャブリの名を冠した辛口白ワインが存在する。しかし純正のシャブリは、この地区で造られるワインのことだけをさす。

ブルゴーニュ地方の最北部にあるシャブリ地区では、おもにシャルドネが栽培されている。石灰を約五〇％も含んだ白亜質のキンメリジャンという土壌が、この品種の栽培に最適なのだ。

シャルドネから造られるシャブリは、明るい緑がかった黄色で、この品種がもつ酸味が生きた、果実味のあるすがすがしい辛口。魚介類にもぴったり合う。

フランス料理店で置いていないところはないといわれるほど人気の高いワインだけに、大量の需要を満たすべく、以前は二五〇〇ヘクタールだった畑が、現在は四〇〇〇ヘクタールに拡大されている。

シャブリ地区の畑の格付けは四つに分かれており、もっとも高い格付けがシャブリ・グラン・クリュとされている。

鱧《ハモ》の梅肉あえには
この辛口の
シャブリが
とてもよく
合いますね

シャブリと白身の魚の相性は抜群にいい。

## グラン・クリュの畑は7つある

シャブリ地区全域でAOCワインが生産されているが、とくに優秀な畑はグラン・クリュ（特級銘柄）、プルミエ・クリュ（1級銘柄）として格付けされている。ラベルのAOC表示も「Chablis」だけでなく、畑の名前や、Grand Cru、Premier Cru（1 er Cru）の文字が併記されている。

### シャブリ・グラン・クリュ *Chablis Grand Cru*

7つの畑がグラン・クリュとされている。最低アルコール度は11度。ボディがあり、熟成によって質が向上していくタイプ。樽熟成が行われているものも多い。とくに、レ・クロ、ヴォーデジールは評価の高い銘柄。

**ヴォーデジール** *Vaudésir*
**レ・クロ** *Les Clos*
**ブーグロ** *Bougros*
**ブランショ** *Blanchots*
**レ・プリューズ** *Les Preuses*
**グルヌイユ** *Grenouilles*
**ヴァルミュール** *Valmur*

### シャブリ・プルミエ・クリュ *Chablis Premier Cru*

グラン・クリュに比べると、長期熟成には向かないが、葡萄の出来のよい年にはグラン・クリュに負けない品質のものができる。最低アルコール度は10.5度と定められている。

### シャブリ *Chablis*

最低アルコール度は10度と決められている。シャブリ地区全域で造られるワイン。畑の名前は表記されず、たんに「シャブリ」とあるのがこのタイプ。フレッシュな早飲みタイプのワイン。

### プティ・シャブリ *Petit Chablis*

シャブリ地区全域で造られるワインのなかでもアルコール度が10度に満たない、軽くて早飲みタイプのワイン。ただし、近年はシャブリに格上げされるものも多く、生産量は減少している。

## key word 65 ブルゴーニュ／コート・ド・ニュイ

# ロマネ・コンティの畑もある赤ワインの銘醸地

白ワインのシャブリに対し、コート・ド・ニュイは赤ワインの銘醸地である。世界的に有名なロマネ・コンティをはじめ、長期熟成タイプのワインの数々が、ここの出身だ。

コート・ド・ニュイと、次のキーワードで取り上げるコート・ド・ボーヌは、黄金の丘（コート・ドール）ともよばれている。日照にも恵まれ、ワイン造りにとって絶好の条件がそろった地なのである。

栽培される品種はほとんどがピノ・ノワールで、芳香豊かな長期熟成タイプの赤ワインが造られている。シャルドネも栽培され、白ワインも造られているが、ロゼを合わせても全体の一％にすぎない。

ＡＯＣを名乗れる村と畑がずらりと並んでいるが、このなかのクロ・ド・ヴージョは、ブルゴーニュ最大の特級畑で、「ワイン試飲盃を持った騎士団」とワイン祭でも有名だ。騎士団はワイン関係者で構成される団体で、毎年十一月の第三土曜日から三日間、ワイン祭を行っている。初日には騎士たちが赤いマントで正装し、葡萄畑の中心にある〝クロ・ド・ヴージョの城〟で大晩餐会を開く。なんとも楽しそうではないか。

日本での入手は
難しいけど…
いいワインだよ！

### 幻の〝プレスティージュ〟は実在した!?

ぼくは『部長　島耕作』のなかで、〝プレスティージュ'89〟というワインを登場させた。無名のこのワインを島が発掘、がんこな造り手を説得して独占販売契約を結び、超高額で取引されるシンデレラワインに育てる──という話である。

じつはこのワインには、モデルが存在する。ブルゴーニュにロベール・アンポーという、ひじょうにこだわってワイン造りをする造り手がおり、その彼が力を注いだワインに、〝ブラニー・ラ・ピエス・スー・ル・ボア'78〟がある。これこそプレスティージュのモデルなのである。

## ヴォーヌ・ロマネなど有名な村がいっぱい

**マルサネ**　*Marsannay*
この村で造られるロゼワインはフランスを代表するロゼの１つ。

**フィサン**　*Fixin*
特級畑はないが、１級畑のクロ・ド・ラ・ペリエールやクロ・デュ・シャピトルなど、力強い長期熟成タイプの赤ワインが造られている。値段は手ごろ。

**ジュヴレ・シャンベルタン**　*Gevrey-Chambertin*
ブルゴーニュでもっとも力強いといわれる赤ワインを産する村。特級畑が９つあるが、シャンベルタン、シャンベルタン・クロ・ド・ベーズは別格扱いされる最高の畑。

**モレ・サン・ドゥニ**　*Morey-Saint-Denis*
クロ・ド・タール、クロ・デ・ランブレなど、特級畑が５つある。特級畑からできるワインは、優美さと力強さをもった長期熟成タイプ。

**シャンボール・ミュズィニ**　*Chambolle-Musigny*
芳醇な香りとやわらかな口当たりの、コート・ド・ニュイでもっとも女性的といわれる赤ワインを産出する。ボンヌ・マールとミュズィニがもっとも有名。

**ヴージョ**　*Vougeot*
厚みのある味わいの長期熟成タイプのワインを産出するクロ・ド・ヴージョは、80人の所有者がいる、特級畑としてはブルゴーニュ最大の畑。

**ヴォーヌ・ロマネ**
*Vosne-Romanée*
ブルゴーニュでもっとも豪華で高価な赤ワインが産出される村。ロマネ・コンティを中心に、ラ・ターシュ、ロマネ・サン・ヴィヴァン、ラ・ロマネなど有名特級畑が続く。エシェゾー、グラン・エシェゾーは違う村にあるが、ヴォーヌ・ロマネの名でＡＯＣ表示できる。

左手には収穫を終わった
ロマネ・コンティの畑
その奥にはリシュブール
前方には
ロマネ・サン・ヴィヴァン
右手にはラ・ターシュの
畑が見えるわ

**ニュイ・サン・ジョルジュ**
*Nuits-Saint-Georges*
小さなＡＯＣで、コート・ド・ニュイのワイン取引中心地。ここで造られる赤ワインは、色が濃く渋みも強いのに、デリケートな風味も備えている。

key word 66　ブルゴーニュ／コート・ド・ボーヌ

# モンラッシェ、ムルソー……世界最高級の白ワインが生まれる

コート・ド・ニュイの南にあるコート・ド・ボーヌ地区は、長さ二五キロのなだらかな丘に位置している。

この地もまた、泥灰土や石灰石、鉄分を含んだ粘土質の石灰岩などが入り混じった、ひじょうに変化に富んだ土壌をしている。

栽培面積は、コート・ド・ニュイの二倍あり、生産量の七五％はピノ・ノワールによって造られる赤ワインで、残りがシャルドネによる白ワインだ。割合としては多くないのだが、赤ワインで知られるコート・ド・ニュイに対し、コート・ド・ボーヌは辛口白ワインで知られる。モンラッシェ、コルトン・シャルルマーニュ、ムルソーなど、世界的に有名な白ワインは、この地で生まれているのである。

一四四頁で触れた「ワイン試飲盃を持った騎士団」のワイン祭は、二日目にこの地区のボーヌで新酒のオークション大会、三日目にムルソーで大収穫祭が行われる。祭のロゴ入りワイングラスを買うと、だれでもワイナリーでワインを飲み放題できる。ワインの銘醸地を訪ねるチャンスがあれば、この日に合わせるのも楽しいだろう。

●シャトー物語／コート・ド・ボーヌ編●

### モンラッシェ　*Montrachet*

「白の貴族」と呼ばれ、白ワインの最高峰とされるモンラッシェは、17世紀のルイ王朝時代にはすでに、宮廷でもてはやされていた。それだけにこの畑を所有することは、たいへんなステイタスになるようだ。1970年に１ヘクタールが売りに出されたときには、何と７億円という値段がついたという。

また、国家的にも重要な資産と考えられており、1962年に高速道路が建設されたさいは、この畑を迂回するために160億円もの巨費が投じられたそうだ。

## 村ごとに特徴のあるワインが造られる

**ラドワ・セリニ** *Ladoix-Serrigny*
この村で造られる赤ワインの多くは、アロース・コルトン村の区画に含めて扱われる。

**アロース・コルトン** *Aloxe-Corton*
白ワインはフランスを代表する偉大なワインとされ、この地を所有していたシャルルマーニュ大帝から名づけられた、コルトン・シャルルマーニュがとくに有名。赤ワインではコルトンが広く知られている。

**ペルナン・ヴェルジュレス** *Pernand-Vergelesses*
コルトン・シャルルマーニュの畑が一部含まれている村。

**サヴィニ・レ・ボーヌ** *Savigny-lès-Beaune*
特級畑はないが、ミディアムボディのワインが造られている。

**ショレィ・レ・ボーヌ** *Chorey-lès-Beaune*
軽めの赤ワインが中心。

**ボーヌ** *Beaune*
多くはネゴシアンが所有する畑で、地下にはいたるところに洞窟が掘られ、多量のワインが貯蔵されている。クロ・デ・ムーシュ、マルコネ、フェーヴなどが有名。

**ポマール** *Pommard*
特級畑はないが、タンニンが強く熟成に時間のかかる赤ワインも造られている。

**ヴォルネイ** *Volnay*
軽めの早飲みタイプの赤ワインが多いが、この地区最良の赤ワインになることも。特級畑はない。

**ムルソー** *Meursault*
特級畑はないが、ペリエール、シャルム、ジュヌヴリエールなど、まろやかな辛口白ワインを生みだしている。

**ピュリニ・モンラッシェ** *Puligny-Montrachet*
モンラッシェ、バタール・モンラッシェなど、力強くかつ繊細で優美な、世界最高峰の辛口白ワインを産出する畑をもつ村。

**シャサーニュ・モンラッシェ** *Chassagne-Montrachet*
ピュリニほどの繊細さはないが、芳醇な白ワインと力強い赤ワインを産出する。特級畑としてはクリオ・バタール・モンラッシェがある。

key word 67　ブルゴーニュ/ボージョレ

# 十一月の第三木曜日は　ボージョレ・ヌーボー解禁日

ブルゴーニュの南端にあるボージョレ地区は、森が多く自然美にあふれた、フランスでも屈指《くっし》の景勝地である。ここで生産されるのは、大部分がガメイという品種からできるフレッシュタイプのワイン。白ワインも造っているが、量はわずかだ。

ボージョレといえば、日本ではボージョレ・ヌーボーがあまりに有名である。毎年秋になると、このワインについてのニュースが、かならずといっていいほどテレビで流れる。

ご存知のようにボージョレ・ヌーボーは、収穫してから四〇〜五〇日の、できたての葡萄を使って造る、ボージョレ地区の新酒のことだ。十一月の第三木曜日が解禁日になっており、時差の関係上、日本が一番早く飲めることになる。

かつてはガブ飲みタイプといわれたボージョレが、世界的な知名度を得たのは、ジョルジュ・デュブッフという名醸造家のおかげである。彼は熱心に研究を重ね、ガメイ種のもつ個性を十分に生かしたワインを造りだした。造り手しだいでワインが変わる一例だろう。

## タンニンが少なくフレッシュな赤ワイン

ボージョレ・ヌーボーのように、収穫したての葡萄のフレッシュさを存分に引きだし、なおかつ味わい深い早飲みタイプを造るには、ちょっとした工夫が必要である。

ボージョレや南フランスなどでは、マセラシオン・カルボニック法と呼ばれる製造法で醸造されている。

収穫された葡萄をそのまま大きな密閉タンクに入れ、タンクに炭酸ガスを満たして数日おく。果皮が破れやすくなったところで圧搾すると、果皮の色素と香りが十分に浸出し、かつタンニンの少ないフルーティな赤ワインができるのだ。

## 10の村で特色のあるボージョレ・ワインを造っている

**ボージョレ** *Beaujolais*

AOC法で、最低アルコール度10度と定められている。アルコール度が低く、軽い。タンニンが少なく果実味に富んだ飲みやすいワイン。

**ボージョレ・シュペリュール** *Beaujolais Supérieur*

ボージョレワインのなかではアルコール度が高め（最低アルコール度10.5度以上と決められている）のものが、この表示をされる。

**ボージョレ・ヴィラージュ** *Beaujolais Villages*

ボージョレ地区の北側に広がる地区から産する、比較的アルコール度が高め（最低アルコール度10.5度以上）のワイン。

**クリュ・デュ・ボージョレ** *Crus du Beaujolais*

村名も明示したボージョレ・ワイン。ボージョレは一般に「軽め」と思われがちだが、この表示のものはコクのあるタイプもある。AOC表示される村は以下のとおり。

**ブルイィ** *Brouilly*
クリュ・デュ・ボージョレの最大産地である

**コート・ド・ブルイィ** *Côte de Brouilly*
ボディのあるタイプのワインが造られている

**シェナス** *Chénas*
熟成が早いので、すぐ飲んだほうがいい

**シルーブル** *Chiroubles*
〝ボージョレのシンデレラ〟と称されるワイン

**フルーリー** *Fleurie*
花の香りが感じられる女性的なワイン

**ジュリエナス** *Juliénas*
ほどよい渋みも感じられる

**モルゴン** *Morgon*
クリュ・デュ・ボージョレのなかでも寿命が長いタイプ

**ムーラ・ナ・ヴァン** *Moulin-à-Vent*
クリュ・デュ・ボージョレのなかではいちばん重め、力強いワイン

**サン・タムール** *Saint-Amour*
直訳すれば「愛の聖人」。早飲みタイプ

**レニエ** *Régnié*
いかにもボージョレらしい軽快さを感じるワイン

# ローヌのワインは〝太陽のワイン〟、香りが高くて個性的

コート・デュ・ローヌ地方は、アルプスに源流を発するローヌ川流域に広がる地で、ジュリアス・シーザーに支配されていた頃の遺跡が残る歴史の地でもある。

太陽の日差しをいっぱいに受ける明るい土地柄で、ローヌ川沿いに走る道路が〝太陽道路〟、そしてここで生みだされるワインは〝太陽のワイン〟と呼ばれる。日光をたっぷりと受けて育った葡萄は、黒葡萄も白葡萄も豊かな芳香をもつ。

一般にローヌのワインは、ボルドーやブルゴーニュよりクセが強い。しかし、「それも個性」と感じられる人が増えてきたためか、日本での人気も上昇中だ。

赤も白も、ロゼもいける。なかには何十年たっても飲める長熟タイプのものもあるし、ボージョレ同様、コート・デュ・ローヌ・プリムールと呼ばれる新酒も造られている。バラエティが豊かで個性的な味を楽しめる地方だ。

赤も白もロゼも
そろってるよ

## 北と南で個性が違う

この地方は、気候や土壌などの違いから、南部と北部に地区がはっきりと分かれ、栽培品種や味わいなども違っている。

北で造られる赤ワインの主力品種、シラーは、「なめし皮」「タール」など強烈な表現をされることが多い。どっしりとした長熟タイプのワインになる可能性を秘めた品種。白ワインのもとになるヴィオニエはこの地独特の品種で、花のような香りが印象的だ。

南に行けば、ロゼの王様（タヴェル・ロゼ）がある。「教皇の新しい城」という意味のシャトーヌフ・デュ・パプも有名だ。

## コート・デュ・ローヌ地方のおもな地区

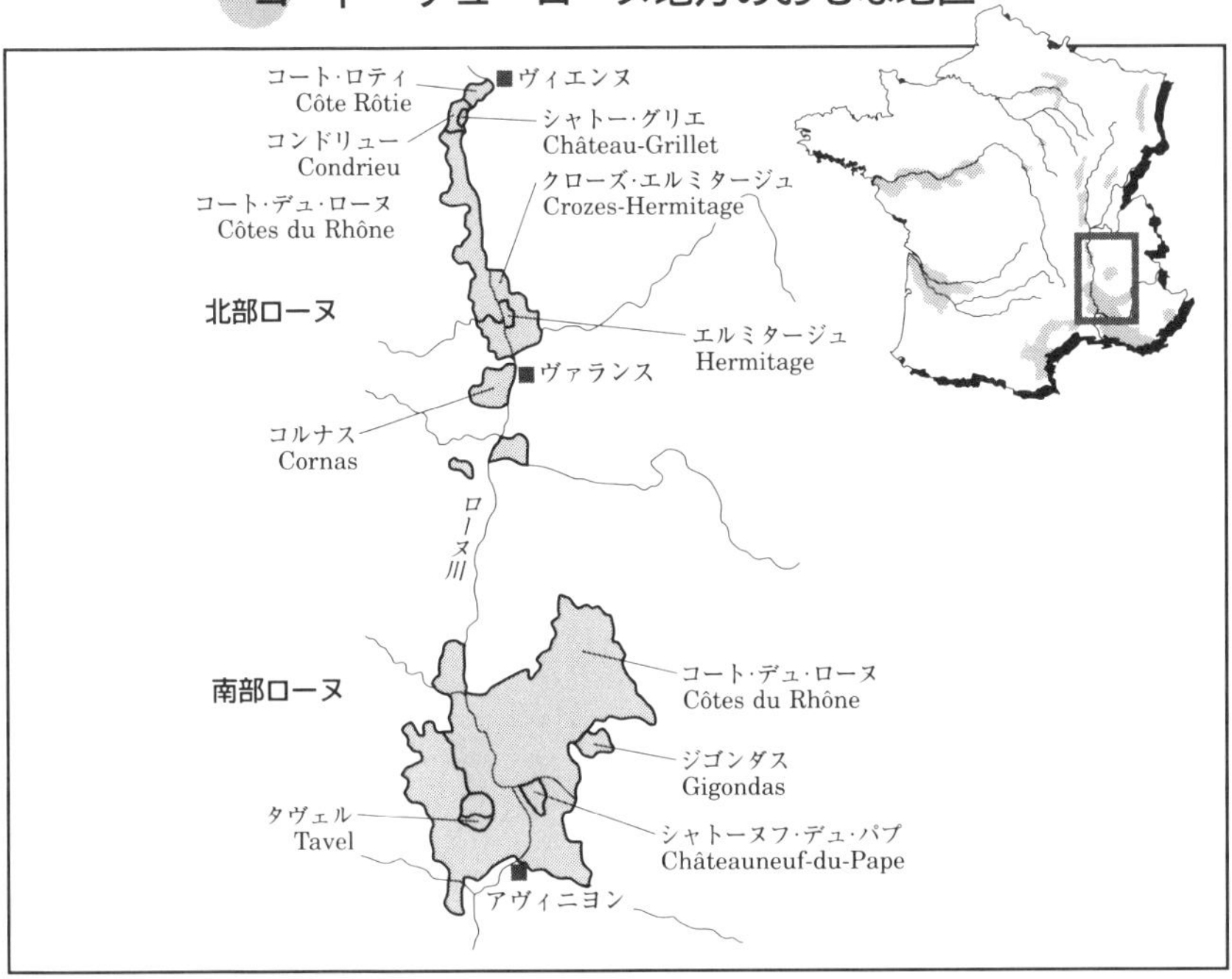


### 北部ローヌ…良質ワインが多い

赤ワイン用としてはシラー、白ワイン用としてはヴィオニエなどが栽培されている。生産量はローヌ全体の15%程度だが、ローヌでもっとも有名なエルミタージュも北部にあり、良質なワインが多数造られている。

エルミタージュは、十字軍の騎士が険しい斜面に庵《いおり》をつくって葡萄を栽培したのが始まりといわれる。タンニンの強い腰のある赤ワインと、辛口の白ワインを産する。

フランス最古の葡萄畑といわれるコート・ロティでは、繊細で厚みのある赤ワインが、その南にあるコンドリューではヴィオニエの持ち味の生きた花の香り豊かな白ワインが造られている。ひじょうに小さな畑であるシャトー・グリエでは、個性的な白ワインを造っており、生産量が少ないだけに珍重されている。

### 南部ローヌ…生産量が多い

ローヌ地方全体の85%を生産するのが南部ローヌである。ここでは、一部の良質ワインと、多くの日常消費用ワインが造られている。赤ワイン用にはグルナッシュ、サンソー、シラーなど、白ワイン用にはルーサンヌ、マルサンヌなどが栽培され、一般に南部ではこれらの品種を混ぜて醸造している。これを混醸という。代表的ワインに、黒葡萄と白葡萄の混醸ワインであるシャトーヌフ・デュ・パプや、ロゼの王様と呼ばれる辛口のタヴェル・ロゼなどがある。

# 〃脱・テーブルワイン〃目指して奮闘中

地中海に面した南フランスというと、高級リゾート地のイメージがあるが、一方ではワインの重要な産地でもある。

南フランスには、プロヴァンス、ラングドック、ルーションなどの産地がある。これらの地方は、地中海気候の影響で年中温暖で日照時間も長い。そのため葡萄の成熟が早く、しかも大量に生産できることから、おもにフランス国内で日常的に飲まれている地酒や、テーブルワインが造られている。少し構えてしまうようなボルドーやブルゴーニュと違い、家庭料理と一緒に気軽に楽しめるワインなのである。

しかし最近では、その状況に変化がみられる。栽培方法や醸造方法などの技術面での改良にも力が入れられ、テーブルワインだけでなく、良質のワインも多数造られるようになってきた。

たとえばラングドックでは、過去二〇年間に生産量は半減したが、AOCワインは逆に五倍に増加している。

ワイン好きにとって、南フランスはこれからが楽しみなワイン産地なのだ。

ちょっとした
手みやげにも
いいね

## 太陽が甘いワインを生む南西部

ラングドックとルーション地方には、特産品ともいうべき天然甘口ワインがある。その原料は糖分の多いマスカット系の葡萄。日差しが強い土地柄、葡萄の水分がとんで、さらに糖度の高い葡萄ができる。

天然甘口ワインの１つ、ヴァン・ドゥー・ナチュレルの場合、葡萄の発酵期間中にアルコールを添加する。すると発酵が止まり糖分がそのまま残って甘いワインになる。もう１つのヴァン・ド・リキュールは、発酵前の葡萄果汁に蒸留酒を加えることで発酵を抑える。どちらも食後酒に向くデザートワインだ。

## 南フランスのおもなワイン生産地域

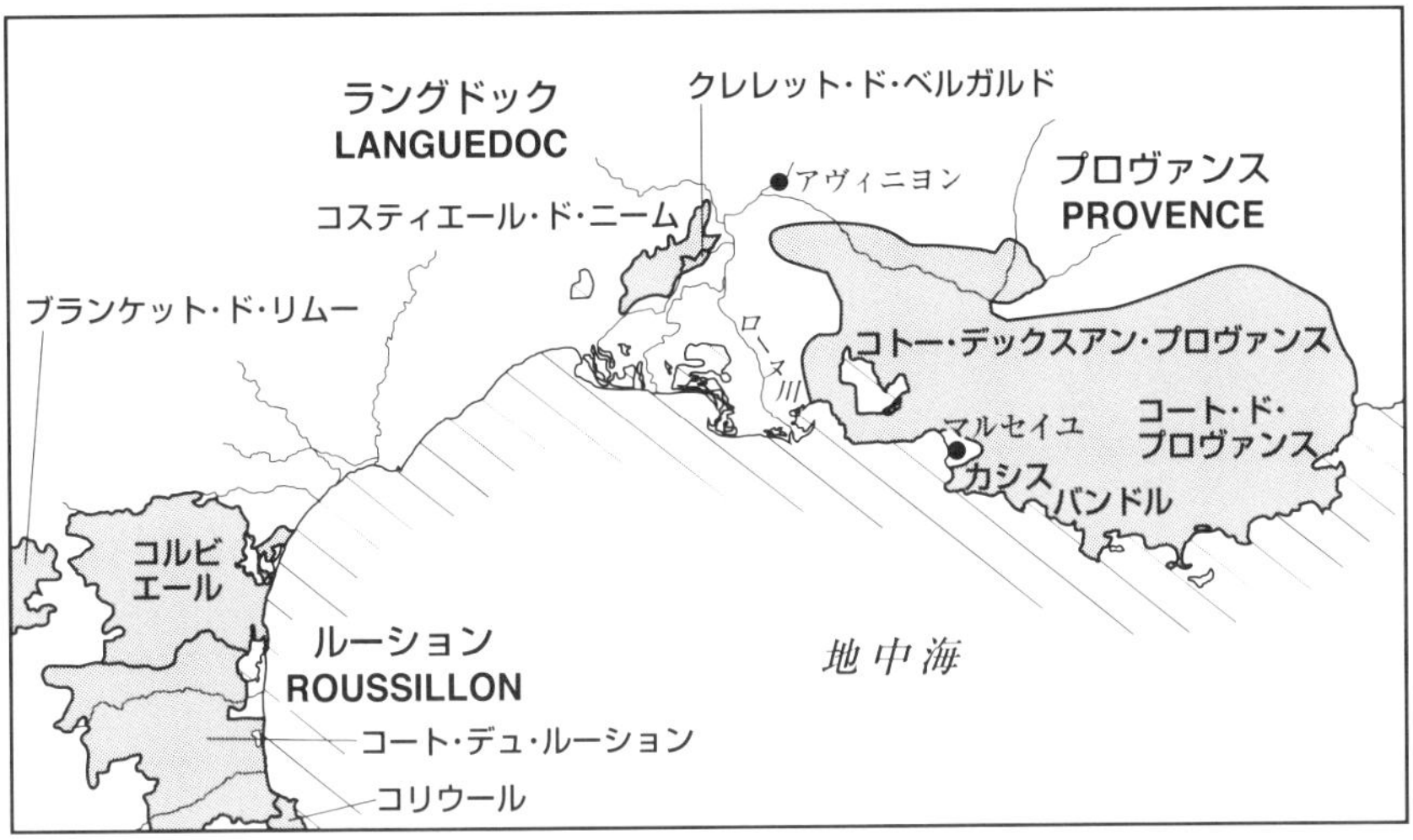


### プロヴァンス…歴史あるワイン産地

フランスでもっとも古くから葡萄栽培が始まっていたといわれる地方で、アルコール度数は高いが、酸味のあるさわやかなワインが造られている。赤ワイン用にはカリニャン、サンソー、グルナッシュなど、白ワイン用にはクレレット、ユニ・ブランなどの品種が使われる。どのタイプのワインも造られているが、全体的にはロゼワインが多い。

この地方で最大の生産量を誇るAOCは、コート・ド・プロヴァンス。辛口ロゼワインで有名なバンドルでは、スパイスの香りをもつ赤ワインにも人気がある。その他、ブイヤベースに欠かせない辛口白ワインを造るカシス、口あたりのいいボルドータイプの赤ワインが造られるコトー・デックスアン・プロヴァンスなどがある。

### ラングドック…バラエティに富む

変化に富んだ地形と土壌により、コクのある赤、甘口、辛口、ロゼ、発泡酒など、さまざまなワインが造られている。

小さな畑であるクレレット・ド・ベルガルド産では腰の強い辛口の白ワイン、コスティエール・ド・ニーム産ではフルーティで飲みやすい赤ワインに人気がある。2000年以上の歴史をもつコルビエールの葡萄畑ではしっかりした赤ワイン、ブランケット・ド・リムーでは、葡萄をブレンドしてシャンパーニュ方式で発泡酒を造っている。

### ルーション…赤ワインが中心

スペイン国境に近いコリウールは、フルーティでアルコール度の高い赤ワインを造っている。コート・デュ・ルーションでは、優美な赤ワイン、辛口白ワインのほかロゼワインも産出している。

key word 70 ロワール

# さっぱり、口あたりのよいロゼワインの宝庫

約一〇〇〇メートルというフランス国内最長のロワール川、この広大な流域に点々と産地が連なっているのがロワール地方である。ロワール川の中流にあるトゥールの町周辺には、中世の美しい古城が点在し、〝フランスの庭園〟と呼ばれている。

すばらしい景観に恵まれてはいるが、フランスのなかでは北部にあるため葡萄栽培には環境が厳しく、白ワイン、赤ワインともに、酸味が強い傾向がある。

この地方は川の上流、中流、下流などによって気候や土壌がそれぞれ異なるため、地区によって多様な品種が栽培され、バラエティに富んだワインが造られている。

なかでもロゼワインはあらゆるタイプのものが造られ、ロワールは〝ロゼワインの宝庫〟といわれている。

生産地区は、ロワール川河口一帯のナント、アンジェ市を中心とするアンジュ・ソーミュル、さらに上流にあるトゥーレーヌ、フランスのほぼ中央にある中央フランスの四つに大きく分けられる。

さっぱりした
冷たいワイン…
夏場にいいね

## ロワールのワインはよく冷やして飲む

バラエティに富んだロワールのワインだが、強烈な個性には欠けるところがある。だが、それはそれで、どんな料理にも合わせやすいというメリットもある。とくに、魚料理や、和食にもよく合う。価格的にも手ごろなものが多いから、ふだん飲むワインにいいだろう。

産地によって多少異なるが、赤も白もロゼも、フルーティでフレッシュ、さっぱりした持ち味のワインが多い。だから、白やロゼはもちろんだが、赤でも、きりりと冷やしたほうが持ち味がいきる。

## ロワール地方のおもな地区

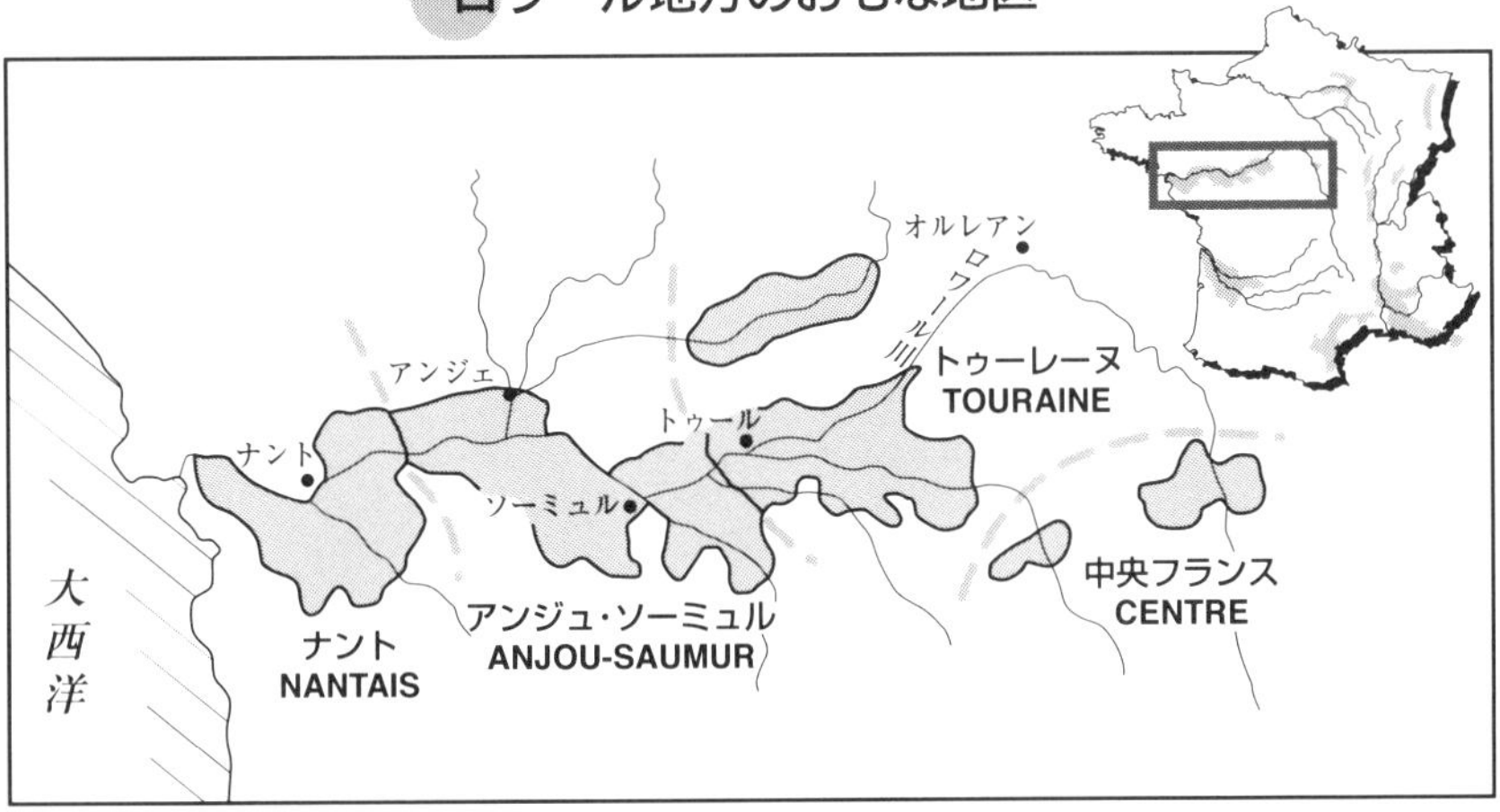


### ナント…辛口白ワインのミュスカデが有名

ミュスカデという品種から造られる同名の辛口白ワインが代表的。マスカットのような香りが特徴のこの品種は、18世紀に大寒波に襲われて葡萄の木が全滅したさいに、寒さに強い品種ということで移植された。

シュール・リー（Sur lie）と表示されているのは、醸造過程で澱引きせずに一冬越して、春に上澄みだけを瓶詰めしたもの。フレッシュさと厚みのあるワインになる。

### アンジュ・ソーミュル…ロゼワインで知られる

辛口のロゼワインが有名で、ロゼワインが地区全体の生産量の70％を占めている。

AOCワインには、甘口のロゼであるロゼ・ダンジュ、カベルネだけで造られた辛口ロゼのカベルネ・ダンジュ、貴腐ワインのコトー・デュ・レイヨン、カベルネ・フランから造られる優雅な赤ワイン、ソーミュル・シャンピニなどがある。

### トゥーレーヌ…白も赤もロゼもそろう

葡萄畑の背後に、美しい古城が散在するこの地区では、多様なワインが造られている。シノン城の近辺にあるシノンは、比較的軽いタイプの赤ワインを産する。トゥール市の東側にあるヴーヴレでは、シュナン・ブラン種から、おもに辛口の白ワインが造られている。その他、赤ワインやロゼワインを造るブルグイユ、サン・ニコラ・ド・ブルグイユなどがある。

### 中央フランス…白ワインが主体

この地区は、ソーヴィニヨン・ブランを使用した白ワインがほとんどで、赤ワインやロゼワインも多少造っている。赤とロゼには、ガメイとピノ・ノワールが使われる。

AOCワインには、サンセール、プイィ・フュメ、プイィ・シュール・ロワール、ムヌトー・サロンなどがある。

key word 71 アルザス

# 一見ドイツワイン風……でも、辛口で香り高い

アルザス地方は、ライン川に沿った、ドイツ国境に近い丘陵地帯である。西側にある山脈が、大西洋からの冷たい偏西風をさえぎるため、北部に位置するわりには、温度や日照時間などの気象環境に恵まれている。ドイツに近く、過去にはフランスとドイツの両国に統治されていたこともあるだけに、使用される葡萄品種などには、ドイツの影響が色濃く現れている。

アルザスの特徴はなんといっても、単一の葡萄品種を使ってワインを造り、その葡萄品種がラベルに明示されていることだ。数種類の品種の味わいがわかれば、アルザスワインは選びやすい。逆に、品種による味わいの差を知るのにも格好のワインといえる。

使用される葡萄品種はいろいろあるが、リースリング、ゲヴュルツトラミネル、ピノ・グリ、ミュスカの四つが高貴品種と呼ばれている。アルザスのワインは、同じような品種で造られるドイツワインよりも香りが高く、辛口だ。少量ながら、ピノ・ノワールを使った赤ワインやロゼワインも造られている。

歴史を知ると
味わいも
深くなるね

## 戦争はワインにも影響を与えた

アルザスは19世紀の後半から第２次世界大戦中にかけて、ドイツの統治を受けていた。その間、〝フランス的なもの〟は極力排除される方向にあった。もともと長い歴史のあったアルザスのワインも、ドイツのワインとブレンドされ、大量生産のテーブルワインとして出回ることになった。

戦後はフランス領に復帰したが、戦火による土地の荒廃などもあって、質のいいワインを造るのは、なかなか困難だったようだ。「アルザス」としてAOC表示ができるようになったのは1962年のこと。戦火の影響はワインにも及ぶのである。

## グラン・クリュの表示が特級品の目印

アルザスのAOCは、地区ごとに細分化されていないが、とくに上質と認められた畑（区画）で造られた白ワインには、グラン・クリュ（Grand Cru）の表示がある。

### アルザス・グラン・クリュ　*Alsace Grand Cru*

グラン・クリュの表示があるのは、4つの高貴品種（リースリング、ゲヴュルツトラミネル、ピノ・グリ、ミュスカ）のうち、どれか単一の品種を使って造られる白ワインで、最低アルコール度数は11度。区画内の収穫量についての取り決めなど、細かな基準をクリアした特級のワインだ。

### アルザス　*Alsace*

通常のAOCワイン。白ワインでは4つの高貴品種、またはシルヴァネル、ピノ・ブランを単一で使用している。赤・ロゼで使用している品種はピノ・ノワール。

### クレマン・ダルザス　*Crémant d'Alsace*

アルザスで造られるスパークリング・ワイン。

## 4つの品種が代表的

**リースリング**
*Riesling*

「アルザスの愛児」ともいわれる代表品種。適度な酸味とフルーティな持ち味が魅力だ。比較的辛口に仕上げられることが多い。

**ゲヴュルツトラミネル**
*Gewürztraminer*

香りがひじょうにいい。酸味は控えめ。独特のコクがあり、アルザスの個性がいきたワインになる。辛口のものが多いが、甘口に仕上げられることもある。

**ピノ・グリ**
*Pinot Gris*

ピノ・ノワールの変種。味わいが甘口の貴腐ワインで知られるハンガリーのトカイワインを連想させることから、トカイ・ダルザスといわれることもある。

**ミュスカ**
*Muscat*

スペインやイタリアでは甘口に仕上げられることの多い品種だが、アルザスでは辛口。さわやかでバランスのよい、フルーティなワイン。

# 他のスパークリング・ワインとは違う鋭い切れ味

いわずと知れたシャンパンの故郷シャンパーニュ地方は、フランスのワイン産地としては最北にあたる。年間平均気温一〇度という厳しい気候のなかで育つ葡萄は、酸味がかなり強い。しかしそのことが、この地が造り上げた発泡酒の、鋭い切れ味に寄与している。

同じシャンパンといっても、極辛口から甘口まで口あたりはさまざまだ。ほとんどのシャンパンは、黒葡萄と白葡萄をブレンドして醸造されるが、赤ワインと白ワインを混ぜたものもあるし、ブレンドの仕方などによっても風味は微妙に異なってくる。ブレンドされる葡萄の収穫年はまちまちだが、葡萄の出来が格別よい年には、その年の葡萄だけを使って造られることもある。これは〝ヴィンテージ・シャンパン〟として、より高価なものになる。

シャンパンにも多種あるが、どのタイプにしろ、そのナイフのような切れ味は、他のスパークリング・ワインの追随を許すものではない。ワイン法でシャンパーニュ産以外の発泡酒にシャンパンの名をつけることを禁じているのも、十分にうなずけるのである。

## シャンパンの味はメーカーの腕しだい

シャンパーニュ地方で造られるスパークリング・ワインは、みんなシャンパン。生産地域による特色はほとんどない。かわりに注目したいのはメーカー（製造者）だ。ブレンド技術を要するシャンパンは、ある程度の規模をもったメーカーが幅をきかせている。ドン・ペリニヨンを出しているモエ・エ・シャンドン社は、そのなかでも最大規模を誇る。

でも、シャンパン好きの間で評価が高いメーカーはクリュッグ社だ。重厚なタイプのシャンパンを造り、「クリュギスト」といわれる熱烈なファンもいるそうだ。

## 甘さの度合いはラベルに明記される

### 1　甘口・辛口がわかる用語

| | | |
|---|---|---|
| エクストラ・ブリュット | (extra brut) | 極辛口 |
| ブリュット | (brut) | 極辛口 |
| エクストラ・セック／エクストラ・ドライ | (extra sec/extra dry) | 辛口 |
| セック | (sec) | 中辛口 |
| ドウミ・セック | (demi sec) | 中甘口 |
| ドゥー | (doux) | 甘口 |

### 2　品種がわかる用語

ブラン・ド・ブラン　*Blanc de Blanc*……白葡萄のみを使用
ブラン・ド・ノワール　*Blanc de Noir*……黒葡萄のみを使用

ふつう、黒葡萄と白葡萄を混ぜて醸造するが、白葡萄のみ、あるいは黒葡萄のみで造ったシャンパンもある。白葡萄のみのシャンパンは繊細な味わい、黒葡萄のみのものはコクがある。

食前に飲んだり、食事に合わせたりするなら、極辛口のブリュットや、エクストラ・ブリュットが適当だが、「女性のために用意するシャンパン」なら、甘口もいい。

# 第5章
# 世界各地のワインを飲んでみよう

なぜ、ドイツワインは
甘くてフルーティ
なんだろう?

その答えは、key word 74 にあります。

フランス

Finesse！
とても
美味しいわ

アメリカ

Great！
これはスゴイの
一言に尽きる

イタリア

Fini！
素晴らしい
出来だ

Bluming！
素晴らしい
香りだ

ドイツ

## ワインは文化。
## 世界の多様さを
## 飲んで知る。

世界中のワインが
手に入る時代。
各国を飲み比べて
これぞというワインを
発見するのも楽しみ。

# バラエティに富んだ世界一のワイン生産国

ワインの生産量世界一は、フランスではなくてイタリアである。生産量は減りつつあるというものの、全世界のワインの二〇％以上を占めるというからすごい。さすが、古代ローマ帝国時代からの伝統を誇り、十六世紀まで世界のワインをリードしてきた歴史をもつだけのことはある。

暖かい地中海に面したこの国は、国土全体が葡萄栽培に適しており、ワイン用品種だけで約二〇〇種もある。南北に長い国土で、地方によって気候風土がかなり異なることもあり、造られるワインは他の国に比類をみないほどバラエティに富んでいる。

イタリアワインの八五％以上は、EUのワイン法における日常消費用ワインだ。イタリアでもフランスと同様、四段階の格付けが行われているが、日常消費用ワインに分類されていても、あなどれないものがけっこうある。というのも、イタリアのワイン法は自国の伝統的な造り方を基準に決められている。そこで革新的な生産者は基準のゆるいテーブルワインの分野で、独自の方法で高級ワインを目指すことを選んだからだ。「規則がきらい」というのは、いかにもイタリア的な感じがする。

●イタリアの葡萄●

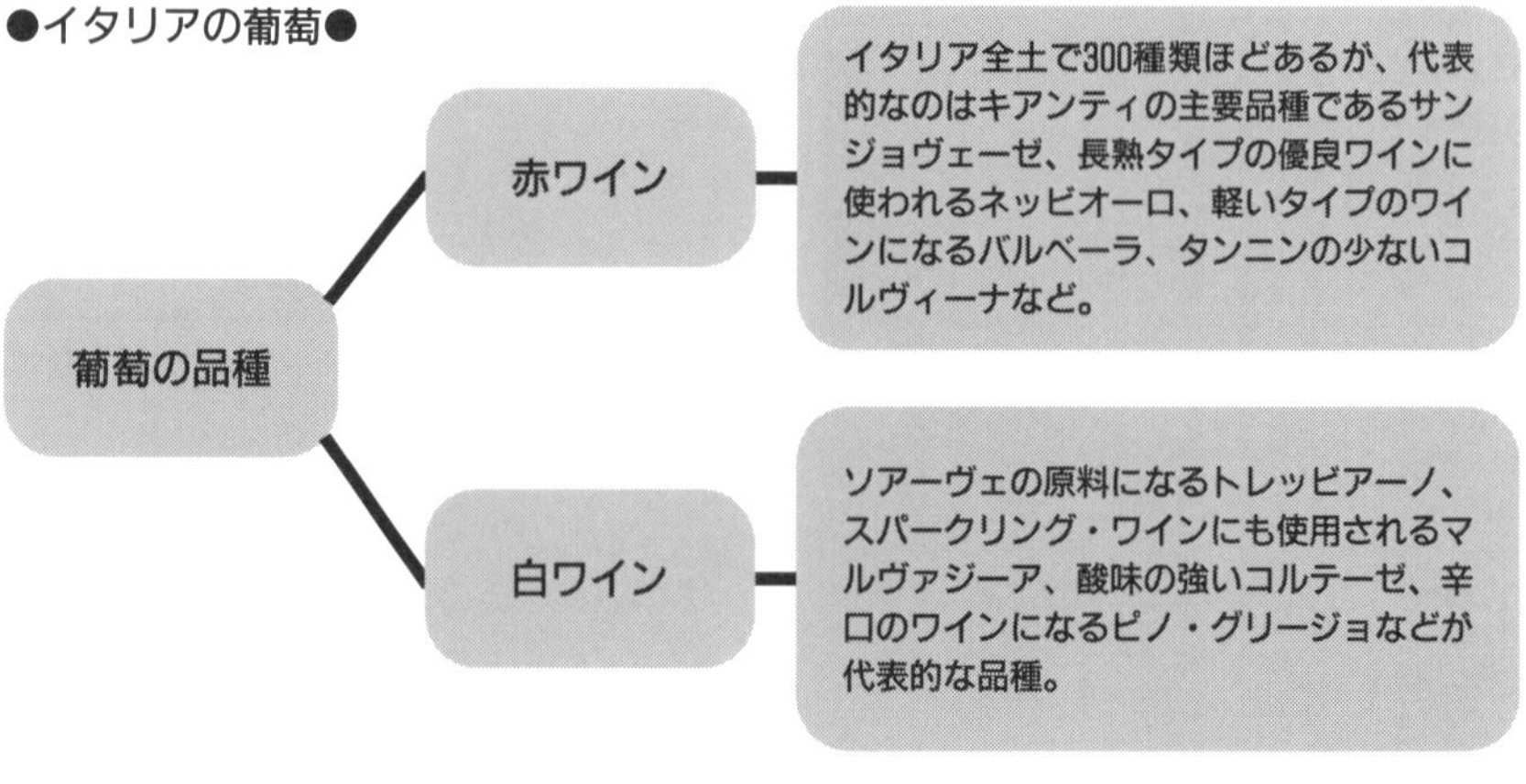
葡萄の品種
赤ワイン
イタリア全土で300種類ほどあるが、代表的なのはキアンティの主要品種であるサンジョヴェーゼ、長熟タイプの優良ワインに使われるネッビオーロ、軽いタイプのワインになるバルベーラ、タンニンの少ないコルヴィーナなど。
白ワイン
ソアーヴェの原料になるトレッビアーノ、スパークリング・ワインにも使用されるマルヴァジーア、酸味の強いコルテーゼ、辛口のワインになるピノ・グリージョなどが代表的な品種。

## DOC、DOCGの表示が高級ワイン

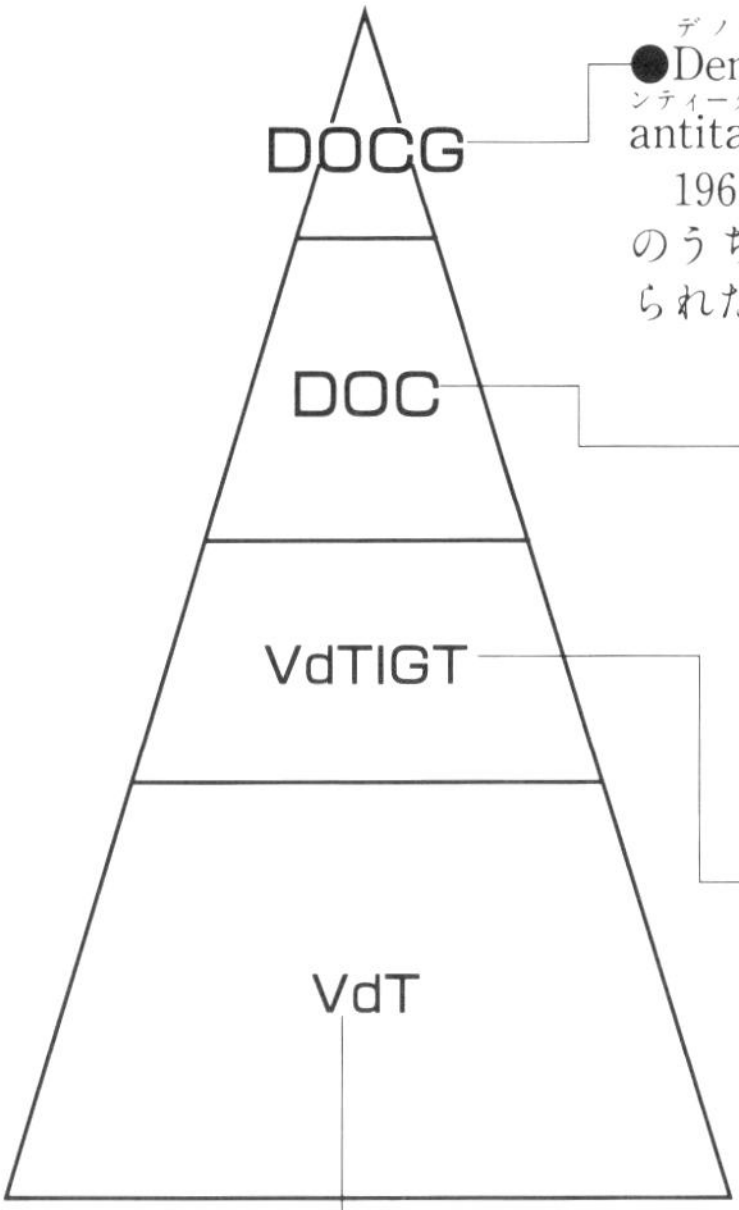


●Denominazione di Origine Controllata e Gar《デノミナツィオーネ・ディ・オリジネ・コントロッラータ・エ・ガラ》antita《ンティータ》

1965年に設けられた区分で、最高級ワイン。DOCのうち、イタリア農林省の推薦を受け、法律で決められた一定基準を満たしたもの。

●Denominazione di Origine Controllata《デノミナツィオーネ・ディ・オリジネ・コントロッラータ》

フランスでのAOCワインにあたる優良ワイン。原料葡萄の産地、醸造・貯蔵場所、品種、ブレンド比率、アルコール度数、容器や容量、化学分析、利き酒など、法律で細かく規定された基準を満たしたもの。

●Vino da Tavola Indicazione Geo《ヴィーノ・ダ・ターヴォラ・インディカツィオーネ・ジェオ》grafica Tipica《グラフィカ・ティピカ》

1992年に新しく設けられた区分。フランスのヴァン・ド・ペイ（地酒）にあたり、限定された地区で、推奨葡萄品種から造られる。略して IGT。

●Vino da Tavola《ヴィーノ・ダ・ターヴォラ》

フランスのヴァン・ド・ターブル（テーブルワイン）にあたり、イタリアワインの90%近くがこのクラスだが、DOC の申請を行わない優良ワインも含まれる。ラベルには、ワインの色(赤、白、ロゼ)だけが表示され、原産地名は記載されていない。

### 畑も味もラベルでわかる

ラベルに Classico（クラッシコ）とあれば、歴史のある特定の畑（葡萄園）で造られたワインということ。Riserva（リゼルヴァ）は規定のアルコール度数、熟成期間を上回ったワイン。ふつう樽熟成のものをさす。Superiore（スペリオーレ）はアルコール度が規定より0.5度以上高いもの。辛口、甘口の別は Secco（セッコ）、Abboccate（アッボッカート）、Amabile（アマービレ）、Dolce（ドルチェ）。この順に甘くなる。赤は Rosso（ロッソ）、白は Bianco（ビアンコ）という。格付け表示については上記を参照してほしい。

# イタリアのおもなワイン産地

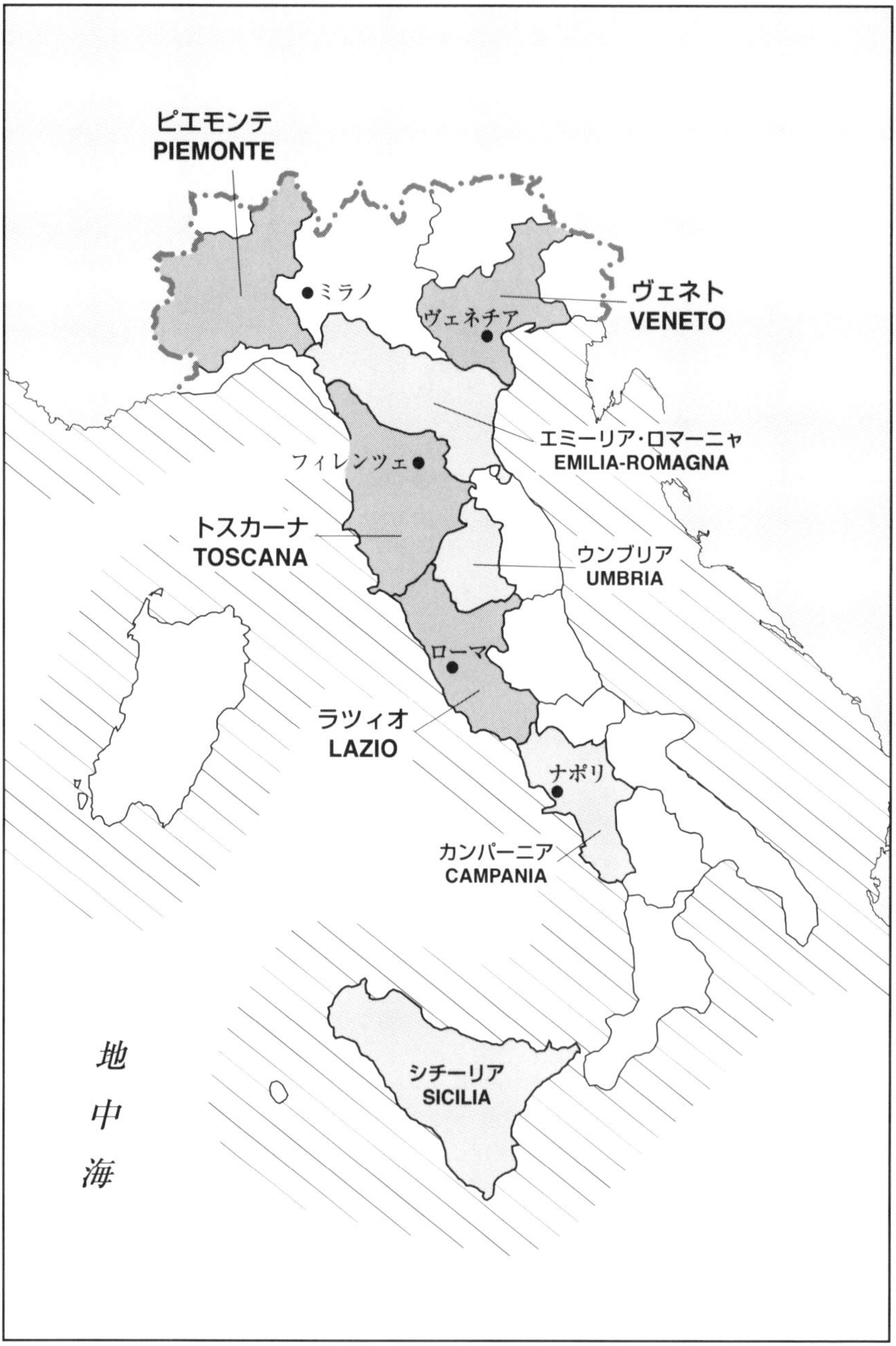
ピエモンテ
PIEMONTE
ミラノ
ヴェネト
VENETO
ヴェネチア
エミーリア・ロマーニャ
EMILIA-ROMAGNA
フィレンツェ
トスカーナ
TOSCANA
ウンブリア
UMBRIA
ローマ
ラツィオ
LAZIO
ナポリ
カンパーニア
CAMPANIA
シチーリア
SICILIA
地中海

産地はイタリア全土にわたるが、「ソアーヴェ」で知られるヴェネト州、イタリア最上級の赤といわれる「バローロ」を産するピエモンテ州、「キアンティ」が有名なトスカーナ州などが良質なワインを造っている。

### ヴェネト…白ワインのソアーヴェが有名

ワイン全体の生産量は州別でイタリア4位だが、DOCワインの生産量ではだんぜんトップ。もっとも有名なワインは、ソアーヴェ。ヴェローナ市の東にあるソアーヴェ地区で造られる白ワインで、早飲みタイプがほとんどだが、最近は長期熟成タイプもある。その他、コルヴィナ種から造られる赤ワインのヴァルポリチェッラ、同じ品種で造られる赤ワインとロゼワインのバルドリーノなどがある。

この州には、半干し葡萄から造られる甘口のレチョート、辛口のアマローネという特殊なワインがあり、とくに長期熟成タイプのアマローネは評価が高い。

### ピエモンテ…バローロ、バルバレスコを生む

アルプスの麓《ふもと》にあるこの州では、ほとんどが単一品種でワインが造られ、赤ワインが約80%を占める。ネッビオーロ種から造られる重厚な風味のバローロは、格付け最上級のDOCG赤ワインで、オーク樽での熟成2年が義務づけられている。これより少し早く熟成するのがバルバレスコで、バローロより繊細な風味をもつ。

早飲みタイプでは州内最多品種であるバルベーラ種を使った赤ワイン、ドルチェットに人気がある。

イタリアでもっとも人気がある白ワイン、ガーヴィもピエモンテ産。〝イタリアのシャブリ〟ともいわれる、フレッシュな辛口タイプだ。

### トスカーナ…キアンティの産地

花の都フィレンツェを擁するこの州は、高級赤ワインの産地である。もっとも有名なのはキアンティだが、7000ほどもある畑から数百におよぶ生産者が造っているので味わいはさまざま。リゼルヴァ（Riserva）やクラッシコ（Classico）の表示が優良ワインの目安。その他、長熟タイプのブルネッロ・ディ・モンタルチーノも高品質だ。

また、トスカーナでは、DOCやDOCGに規定にあてはまらない独自の最高級ワインを造り、ヴィーノ・ダ・ターヴォラの表示で販売しているものもある。これらは「スーパー・トスカーナ」といわれ、世界的に高い評価を得ている。

### ラツィオ…白ワインが多い

首都ローマのある州で、すっきりとした辛口タイプの白ワインが多い。

ローマ東南の町フラスカティには、辛口からまろやかな甘口、微発泡性まで、多様な白ワインがある。

ローマの北にあるモンテフィアスコーネ村には、エスト・エスト・エストという特産ワインがある。この名の由来がおもしろい。12世紀頃、ドイツのワイン好きの司祭がローマを訪ねることになり、家来に先に行かせて、おいしいワインが見つかったら宿の壁に「エスト（ここにある)」と書いておくよう命じた。司祭がモンテフィアスコーネ村に着くと、「エスト！エスト‼エスト!!!」との文字を発見。さっそく宿のワインを飲んだ司祭は、その味に心酔して住み着き、ついにワインの飲みすぎで死んでしまったという。

# 勤勉な国民性が甘い白ワインを生みだした

よく知られているように、ドイツ産の多くは甘めの白ワインである。

しかしよく考えてみると不思議である。ドイツのような北方で栽培される葡萄は糖度が低く、ふつうならかなり酸味の強いワインになるはずだ。しかも、葡萄栽培としては北限の地であるにもかかわらず、世界に名だたるワイン生産国でもある。

その裏には、国民のたゆまぬ努力があったようだ。たとえば、葡萄はできるだけ川に面した南向きの斜面で栽培する。川面に反射した光が保温効果を高め、霧の発生で霜の害も防げるからだ。また、ドイツの高い科学技術力を動員し、寒さに強い品種を開発してきた。収穫時期を遅らせたり、凍った状態の葡萄を収穫するようにしたり、葡萄自体の糖度を上げる工夫も怠《おこた》らない。

さらに醸造法にも工夫が加えられる。その一つが、瓶詰め直前のワインに発酵前の葡萄果汁を加える、ズースレゼルブという手法だ。添加する葡萄果汁の量を調整することで、酸味と甘味のバランスがうまくとれた、ドイツ独特のフルーティで、かつ甘い白ワインができるのである。

●ドイツの葡萄●

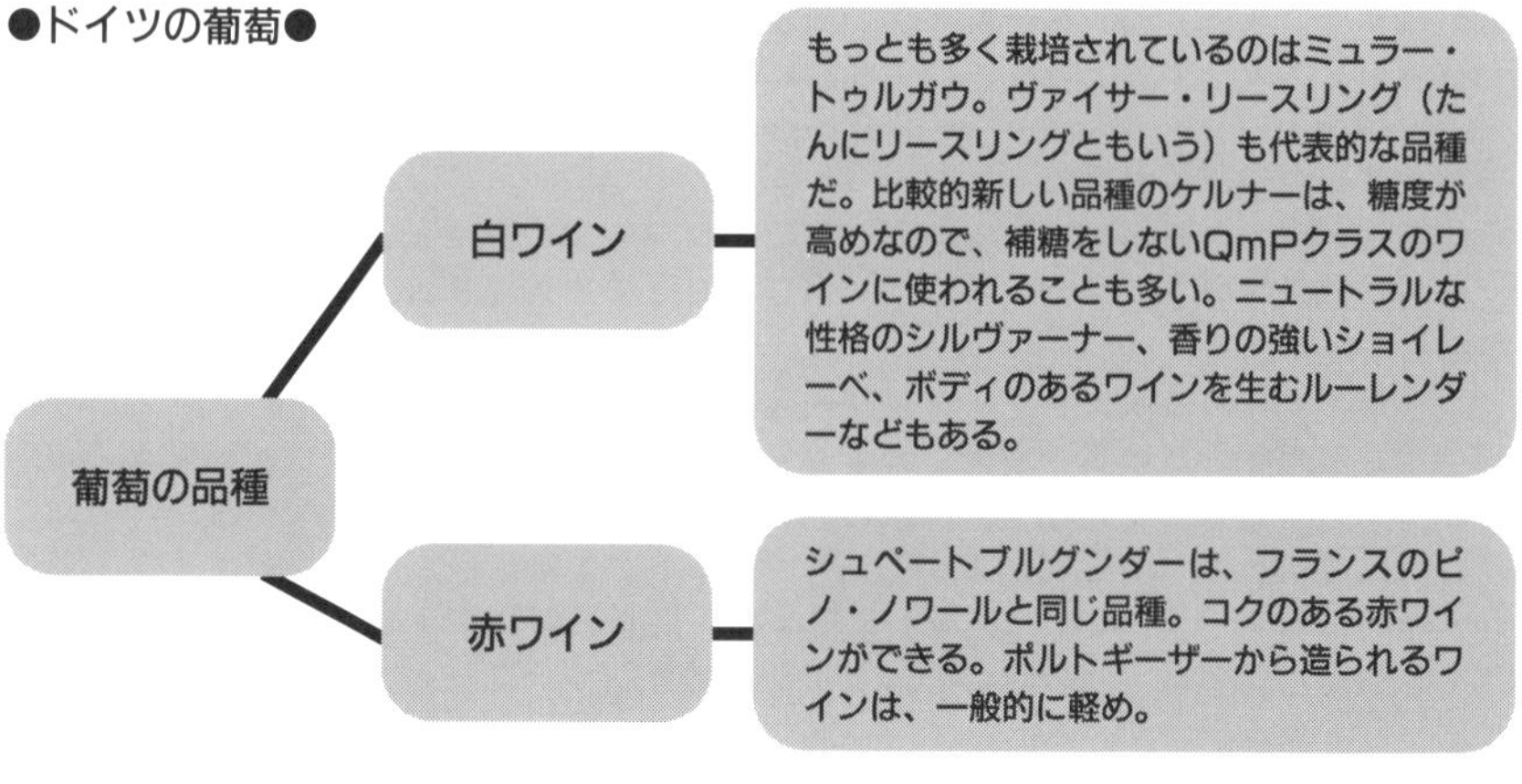
葡萄の品種
白ワイン
もっとも多く栽培されているのはミュラー・トゥルガウ。ヴァイサー・リースリング（たんにリースリングともいう）も代表的な品種だ。比較的新しい品種のケルナーは、糖度が高めなので、補糖をしないQmPクラスのワインに使われることも多い。ニュートラルな性格のシルヴァーナー、香りの強いショイレーベ、ボディのあるワインを生むルーレンダーなどもある。
赤ワイン
シュペートブルグンダーは、フランスのピノ・ノワールと同じ品種。コクのある赤ワインができる。ポルトギーザーから造られるワインは、一般的に軽め。

## 最高級のQmPは6段階に分かれる

●Qualitätswein mit Prädikat《クヴァリテーツヴァイン・ミット・プレディカート》

糖度の高い葡萄から造られた、フランスの AOC にあたる高級ワイン。補糖（葡萄に糖を加えて発酵を促進させる）したものは QmP とは認められない。

収穫時の成熟度（糖度）の低い順に、カビネット Kabinett（通常の収穫期に収穫）、シュペートレーゼ Spätlese（遅摘み）、アウスレーゼAuslese（十分に熟した房を選別して収穫）、ベーレンアウスレーゼ Beerenauslese（過熟気味の葡萄や貴腐化した葡萄）、アイスヴァインEisewein（凍った葡萄の房で収穫）トロッケンベーレンアウスレーゼ Trocken beerenauslese　（貴腐葡萄）に分類される。

●Qualitätswein bestimmter Anbaugebiete《クヴァリテーツヴァイン・ベシュティムター・アンバウゲビーテ》

最も生産量が多い上級ワイン。葡萄品種、栽培地域、アルコール度数、補糖、利き酒などの基準に適合したもので、ラベルに公的検査番号が表示される。

●テーブルワインのうちでも、原料の品種や産地をはっきりとさせたワイン。地酒。

●ドイツ産の葡萄のみを使ったテーブルワイン。1地域内で収穫された葡萄のみ使用した場合は、その地域を表示できる。ブレンドした場合、1地域のものが85％以上であれば、品種名、生産地名、収穫年を表示できる。

### 品種と甘さをラベルでチェック

白ワインはWeisswein（ヴァイスヴァイン）、赤はRotwein（ロートヴァイン）、ロゼはRosewein（ロゼヴァイン）。甘口主体のドイツワインだが、辛口のものも増えてきている。Trocken（トロッケン）とあるのは辛口、Halbtrocken（ハルプトロッケン）ならやや辛口ということだ。ただしQmPワインの最高峰、トロッケンベーレンアウスレーゼの「トロッケン」は「乾いた」という意味で、辛口ではない。

ラベルには品種を明示しているものが多く、QmPワインの場合は、格付け表示によって甘さの予想もつく。

# ドイツのおもなワイン産地

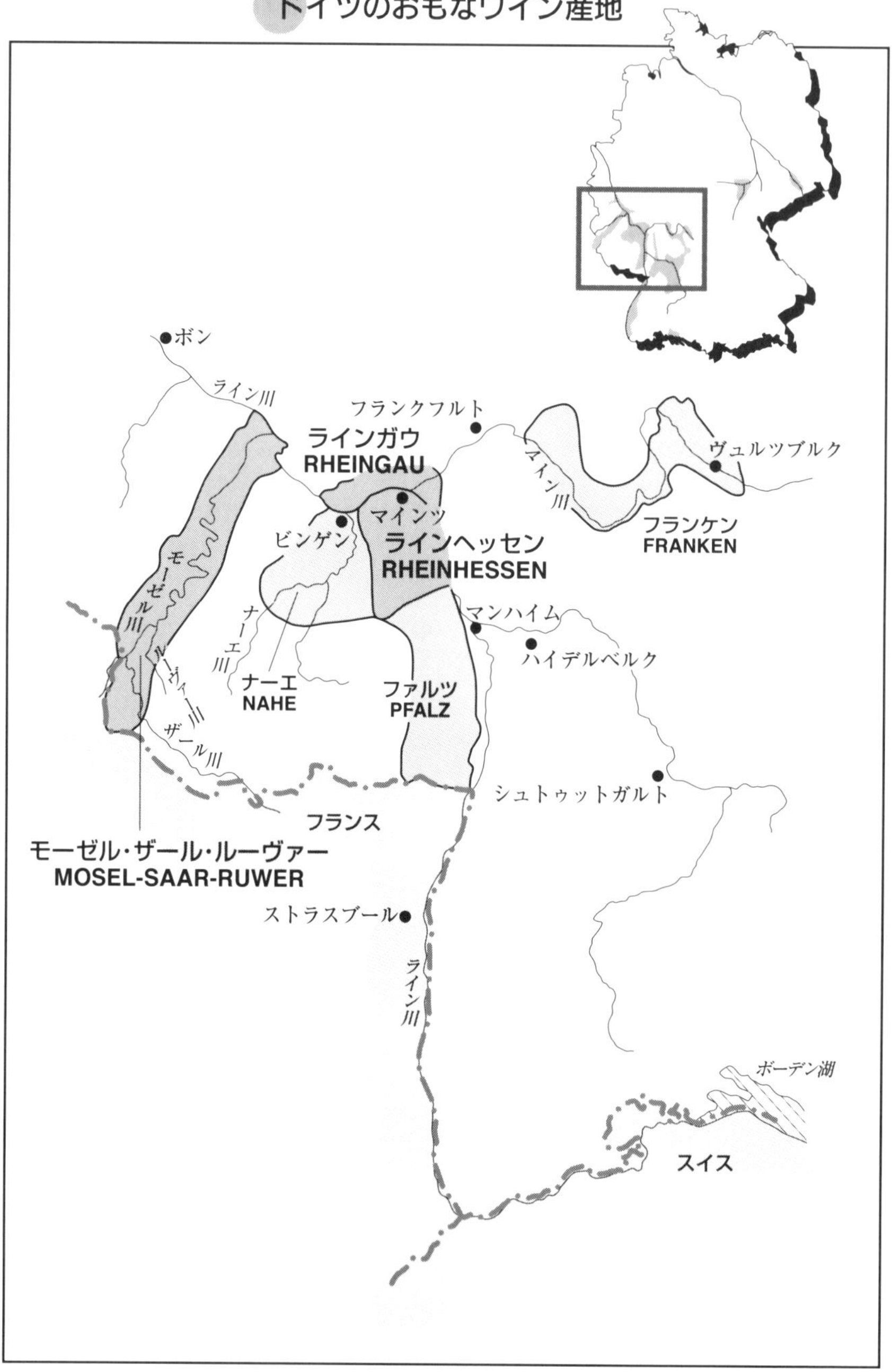

ドイツのワイン産地は河川沿いに広がっている。なかでもライン川流域に広がるラインガウ、ラインヘッセン、モーゼル川を中心にした地域が代表的な産地だ。

### ラインガウ…良質の白ワインを産する

リースリングを中心に、この地で生まれた新種ミュラー・トゥルガウなども栽培されている。これらを原料に、力強さとエレガントさを兼ね備えた、数々の優秀な白ワインが造られている。また、ライン川から立ち昇る霧が貴腐菌の発生を促し、糖度の高い葡萄が収穫できる。

国立の醸造所があり、個性的な風味のシュタインベルク、辛口のシュロス・フォルラーツ、長期熟成タイプのシュロス・ヨハニスベルクなど、典型的なラインガウワインが造られている。

### ラインヘッセン…リープフラウミルヒ発祥の地

ドイツ最大の栽培面積をもつ、比較的気候が穏やかな地域。多彩なワインが造られているが、全般にソフトでデリケートなワインが多く、〝貴婦人のワイン〟と呼ばれている。

ドイツの輸出ワインの半数を占めているのは、リープフラウミルヒ（聖母の乳）という銘柄の白ワインだが、このワインの発祥の地がラインヘッセンにある。聖母教会の名がなまって命名されたという。「ドイツワイン＝甘い」というイメージどおりの味わいだ。

### モーゼル・ザール・ルーヴァー…白ワイン100%のドイツ代表産地

モーゼル川、ザール川、ルーヴァー川流域に広がるドイツを代表する地域で、生産は100%白ワイン。全体的には、花の香りのある繊細なワインだが、各川の流域によって微妙に異なる。モーゼル川流域は一番やわらかで繊細。ザール川流域は力強く引き締まっている。ルーヴァー川流域は香り豊かな生き生きとした酸味が特徴。

有名なシュヴァルツェ・カッツという名のワインを産するツェル、優秀ワインの宝庫ベルンカステル、個性的なワインが造られているザール・ルーヴァーなどの地区がある。

ドイツワインて
甘くて……
ジュースみたいよね！

……という意見も強いが、最近は辛口タイプも増えている。また、昔からフランケン地方では辛口の白ワインが特産品。ずんぐりとした丸みのあるボトルが目印だ。

# シェリーが有名なスペイン、葡萄の栽培面積は世界一

スペインのワインといって思い浮かべるのは、まずシェリーだろう。ワインにブランデーを添加した酒精強化ワインであるシェリーは、一五〇〇年代からイギリスに輸出されて人気を呼んだ。人気がでればニセモノが現れるのが世の常で、イギリスや他国でシェリーを名乗るものがでてきたため、わざわざ「スペイン産」と表示していた時代があったという。もちろん現在はワイン法によって、スペイン産以外をシェリーと名乗ることはできない。

このスペイン、葡萄の栽培面積では世界一であり、生産量でも世界第三位のワイン大国だ。ただし、シェリーが占めるのは、じつは国内生産量の七%ほどにすぎず、あとはスティル・ワインやスパークリング・ワイン（カヴァという）が造られている。

この頃は日本でも、スペイン産スティル・ワインがずいぶん飲まれるようになってきた。とくにリオハの高級赤ワインは人気が高い。ボディのある、しっかりした赤で飲みごたえがある。リオハはフランス・ボルドーの技術が入った産地で、スペインで唯一、最高格付けを受けている。

●スペインの葡萄●

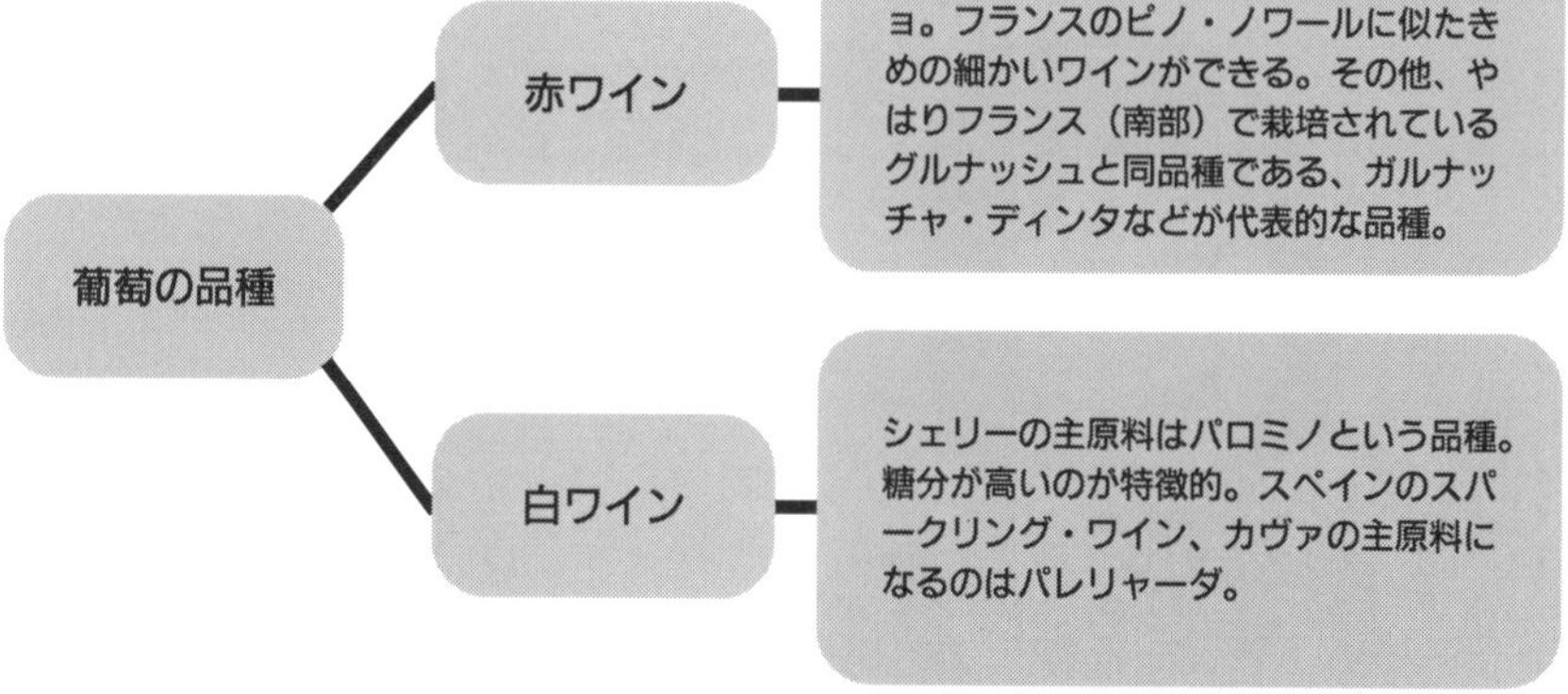
リオハの原料になるのはテンプラニーリョ。フランスのピノ・ノワールに似たきめの細かいワインができる。その他、やはりフランス（南部）で栽培されているグルナッシュと同品種である、ガルナッチャ・ディンタなどが代表的な品種。

## 最高格付けはリオハのみ

●Denominación de Origen Calificada《デノミナシオン・デ・オリヘン・カリフィカーダ》
スペインではワインの原産地を明らかにするの概念が古くからあり、法的な規制の歴史も長い。各種の厳しい条件がついた最高格付けのDOCをもつのは、リオハ１地区のみ。

●Denominación de Origen《デノミナシオン・デ・オリヘン》
一定の地域で、認可された品種を使い、各種の規定を満たしたワイン。フランスのAOCとは違い、指定地域が広範なので、高級ワインとふつうのワインが混在する。

●フランスのヴァン・ド・ペイ（地酒）に相当するワイン。産地名が表示できる。

●日常的に飲まれるタイプのテーブルワイン。スペインワイン年間生産量の75%を占める。

### 〝サングリア〟はスペインの伝統的飲料

今では商品として売られているものもあるが、サングリアはもともとスペインの家庭で造られる伝統的な飲み物である。赤や白のワインをベースにして、リンゴやオレンジ、レモンなどの果物をスライスして入れ、砂糖を加えて甘みをつける。各家庭で使うワインや果物などが異なり、その家独自の味わいがある。

アルコール度が低く甘味があるので、女性の多いパーティーなどでだすと喜ばれそうだ。ベースにするワインは、手ごろな値段のもので十分。自由に造ってみよう。

## スペインのおもなワイン産地

**リベラ・デル・ドゥエロ**

〝スペインのロマネ・コンティ〟ともいわれる名酒、ウニコを産する地域。カベルネ・ソーヴィニヨンを使って造られている。

**リオハ**

唯一のDOCであるこの地では、テンプラニーリョという独自の品種から、高品質な赤ワインを造っている。リオハ・アルタ、リオハ・アラベサ、リオハ・バハの3つの地区に分かれており、とくに前者2地区のものが最高といわれる。

**ペネデス**

スペイン産のスパークリング・ワインの85%がカヴァの名ででており、その多くがカタルーニャ地方、ペネデスで生産されている。シャンパン方式で造られ、DOに格付けされている。値段が手ごろで質が高いため、世界中で愛飲されている。

**ヘレス**

シェリーの産地。ヘレス（Jerez）がフランス語でセレス（Xérèz）と書かれ、さらに英語式になまって、シェリー（Sherry）になったといわれる。いまでも、シェリーのラベルには、この3つの名称が書かれることが多い。

*ラ・マンチャはスペインワインの半数を産する地域。テーブルワイン主体。

# シェリーの芳香はカビが生む

## ●樽を重ねて品質を保つ

シェリーといえば、アルコール度が少し高く、独特の香りと風味をもつことが特徴的だ。

シェリーは、まずパロミノ種を主体とした原料でワインを造り、それからブランデーを添加して、アルコール度を一四～一五度に調整する。

樽に詰めるときには、七分目程度しか入れない。そうすることで、液面が空気に触れて表面にフロールというカビ（酵母）が繁殖し、一センチほどの白い膜ができる。この膜が、「フロール香」といわれるシェリー独特のすばらしい香りを生みだすのである。

ワインを詰めた樽は、三、四段に積み重ねて保存される。上段は新しいワインが入った樽で、下段は古いワインが入った樽だ。

瓶詰めするときは下段の樽からワインを一部取り出し、その分をすぐ上の樽から補充する。こうしてワインは上から順に下段の樽に移っていき、つねに同じ品質のものが瓶詰めされる。

## ●辛口から甘口までタイプはいろいろ

シェリーにはいくつかのタイプがある。

辛口のフィノは、きりっと締まった切れ味で、フロール香がはっきりしている。このフィノを七年ほど熟成させ、しっとりした味に仕上げたものがアモンティリャード。ヘーゼルナッツのような味があり、フィノよりアルコール度がやや高い。

フロールが発生しないものを使い、最初の半年ほど樽のまま屋外で日光にさらして造られる、オロロソというタイプもある。刺激的な香りでコクのある辛口。オロロソに甘味を加えたものはクリーム・シェリーといわれ、食後酒に適している。

key word 76 ポルトガル

# 本物のポートワインを味わってみたい

ポルトガルは、歴史的に日本ともっとも縁が深い西洋の国だ。十七世紀、種子島《たねがしま》にやってきたフランシスコ・ザビエルとともに、ワインも日本に上陸したらしい。つまり、日本人が最初に味わったヨーロッパのワインはポルトガル産、ということになるだろう。

ポルトガルのワインとしては、ポートワインとマデイラが世界的に有名である。

ポートワインと聞くと、団塊の世代以上の人なら、〝赤玉ポートワイン〟を思い出すかもしれない。サントリーの前身である寿屋の大ヒット商品だから、もちろんぼくも飲んだ記憶がある。このワインと、ポルトガルのポートワインを混同する人もいるようだが、もちろん両者はまったくの別物である。ポートワインとマデイラは、アルコール度を強化したフォーティファイド・ワインだ。

世界的に有名とはいえ、スペインのシェリー同様、ポルトガルのワイン生産量全体からみれば、これらは八％程度にすぎない。ポルトガルで生産されるワインのほとんどが、良質のテーブルワインである。

ワインといったら
私のような年齢の人間は
赤玉ポートワインとか
蜂《はち》ブドウ酒を
思い出すんだ
これは
ああいうワインとは 全く違う
飲みものだな
キミも
飲め

赤玉ポートワインとポルトガルのポートワインはまったくの別物だ。

## ほとんどは良質のテーブルワイン

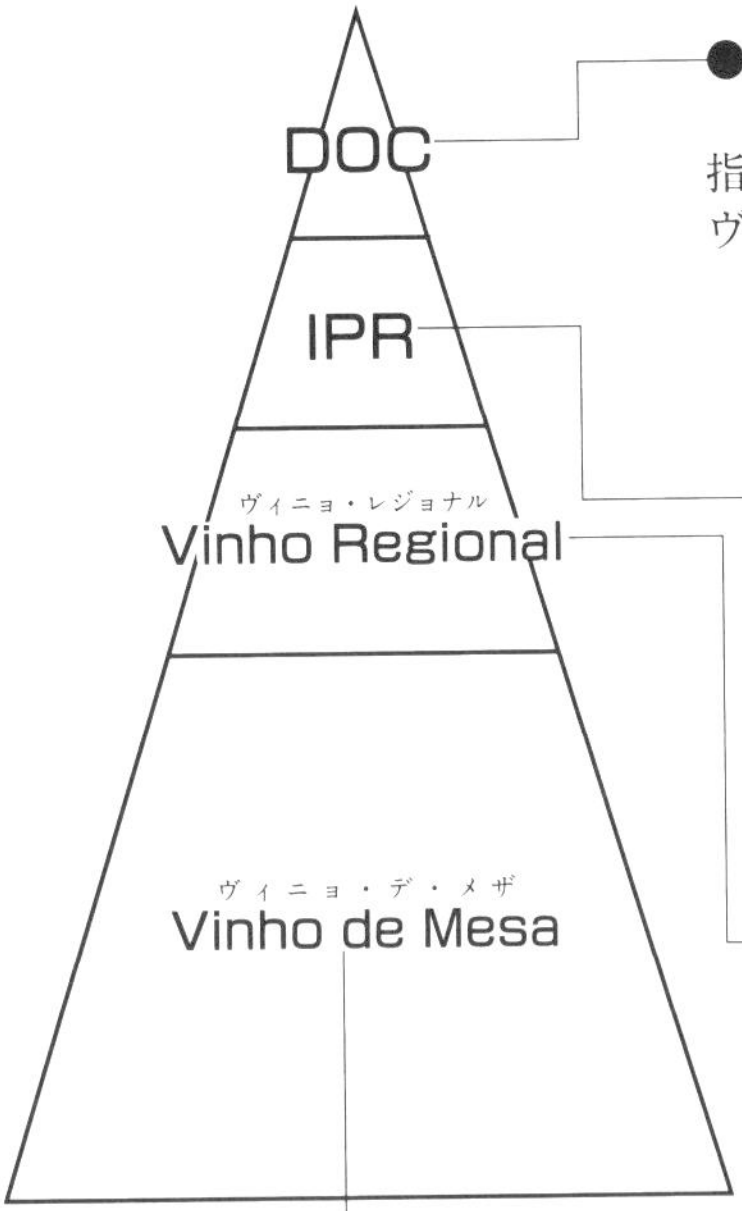


●Denominação de Origem Controlada《デノミナサオ・デ・オリジェン・コントロラーダ》
フランスの AOC に相当する最上級ワイン。指定地域には、ドウロ、マデイラ、ヴィニョ・ヴェルデ、ダンなどがある。

●Indicação de Proveniência Regulmentada《インディカソン・デ・プロヴェニエンシア・レギュルメンターダ》
フランスの AOVDQS にあたるワイン。

●テーブルワインのうちでも、産地名の表示が許されているワイン。

●原産地名を表示できないテーブルワイン。ワイン生産量としてはもっとも多い。

ロゼがいちばん多いというのはちょっと意外…


### 販売量は世界一——マテウス・ロゼ

ポルトガルのワイン輸出量でトップを占めているのは、ポートワインでもマデイラでもなく、じつはロゼワインである。

なかでもソグラペ社のマテウス・ロゼは、世界でもっとも売れているロゼワインだ。微発泡性のさわやかな味で、日本でも一時たいへん人気が高く、マテウス・ロゼからワインを知ったという人も多いだろう。

世界の人に愛飲されているこれらロゼワインは、ポルトガルを代表するワインといえるのだが、生産地が複数なので、高級ワインのカテゴリーには含まれていない。

## ポルトガルのおもなワイン産地

**ポルト（ドウロ）**

ポートワインはおもにドウロ川上流のアルト・ドウロ地区で栽培された黒葡萄と白葡萄から造られる。発酵の途中にブランデーを添加して、アルコール度を高める。

出荷される港の名前（ポルト）から、ポートワイン（またはポルトワイン）といわれるようになった。

**マデイラ**

大西洋の真珠といわれる小島。ここで造られる酒精強化ワインが島名でもあるマデイラ。発酵後にブランデーを加え、加熱室で寝かせた後、さらに糖蜜から造られる蒸留酒を添加する。

**葡萄の品種**

- **赤ワイン／白ワイン**：単独品種で造られることは少なく、ほとんどがブレンドの品種を含めて数種類ずつ、ブレンドして用いられる。各地に、その地独特の品種がある。
- **マデイラ**：使用される代表的な葡萄品種名が、マデイラの種類にもなっている。
  - セルシアル（もっとも辛口に仕上げられる）
  - ヴェルデリョ（適度な甘味があり、紹興酒と似た味になる）
  - ボアル（甘味を残す造り方をする）
  - マルヴァジア（濃厚な甘口タイプ）

## 黄金色も、ルビー色もあるポートワイン

ひとくちにポートワインというが、じつは色も味も、バラエティに富んでいる。「発酵の途中でブランデーを加えて発酵を止めてしまい、糖分、つまり自然な甘みを残す」という基本的な造り方は共通するが、原料になる葡萄や熟成期間などの違いから、いくつかのタイプに分かれている。

**ホワイト・ポート**

白葡萄を原料として造られるもの。四〜五年間熟成されるので、黄金色になる。甘口と辛口があり、冷やして食前酒として飲まれることが多い。

**ルビー・ポート**

黒葡萄から造られた若いワインをブレンドし、四〜五年間樽熟成してから出荷されるもの。美しいルビー色をしており、ポートワインとしてはもっともポピュラーなタイプ。

**トウニー・ポート**

トウニーとは黄褐色のことで、このポートワインの色を示している。色は同じようだが、ホワイト・ポートとルビー・ポートをブレンドしたものと、ルビー・ポートを一〇〜二〇年熟成させたもの（オールド・トウニー・ポート）がある。

**ヴィンテージ・ポート**

葡萄の作柄がよい年に、その年のとくにすぐれた葡萄だけを使って造られる。樽熟成を二年行ったうえに、瓶熟成される。なかには数十年の熟成に耐えうるものもある。飲むときはデカンタージュが必要。

**レイト・ボトルド・ヴィンテージ・ポート**

樽熟成は五年以上と、ヴィンテージ・ポートより長いが、使用される葡萄の質はヴィンテージ・ポートのほうが上。比較的手ごろな価格で手に入る。

key word 77 アメリカ

# カリフォルニア産の「赤」は見逃せない

アメリカは、ヨーロッパ以外で日本人にもっともよく知られたワイン生産国だろう。もっとも、アメリカのワインというより、カリフォルニアのワインといったほうがずっと通りがいい。事実、ワシントン州やオレゴン州、ニューヨーク州などでもワイン造りが行われているが、カリフォルニア産が全米の生産量の約九〇%を占めている。

カリフォルニアのワイン造りは、この地の開拓と同時に始まっている。しかし、ヨーロッパから逆輸入されたフィロキセラという害虫によって葡萄畑が壊滅《かいめつ》状態になったり、禁酒法という天下の悪法（？）のためにワイン産業が崩壊するという憂き目にあってきた。

それでも開拓者魂あふれるアメリカ人だけに、これらの災禍《さいか》にめげず、カリフォルニア大学に葡萄栽培とワイン醸造の専門部門を設立し、科学的に研究を始めた。現在の成功は、その研究成果とヨーロッパの伝統的な手法をうまく取り入れてきたことによる。一般にカリフォルニア・ワインは軽い白ワインのイメージがある。しかし近年は赤ワインの生産が増えており、ヨーロッパ産に負けない高級赤ワインも多種造られている。

アメリカ流の合理的な分類だね

## 品種を明示したワインが上級品

カリフォルニアのワイン法では、ワインを３つのタイプに分類している。１つはラベルに葡萄品種名が明記されたヴァラエタル・ワイン。単一の葡萄を75%以上使用した上級ワインだ。

２つめは各ワイナリーが数種類の葡萄をブレンドして造る、プロプライアタリー・ワイン。カジュアルなものも多いが、ボルドータイプの高級品もある。

３つめは日常的なテーブルワイン（ジェネリック・ワイン）。バーガンディ（ブルゴーニュの英語読み）、シャブリなど、ヨーロッパの有名ワイン産地の名がつけられることが多い。

## アメリカ・カリフォルニアのおもなワイン産地

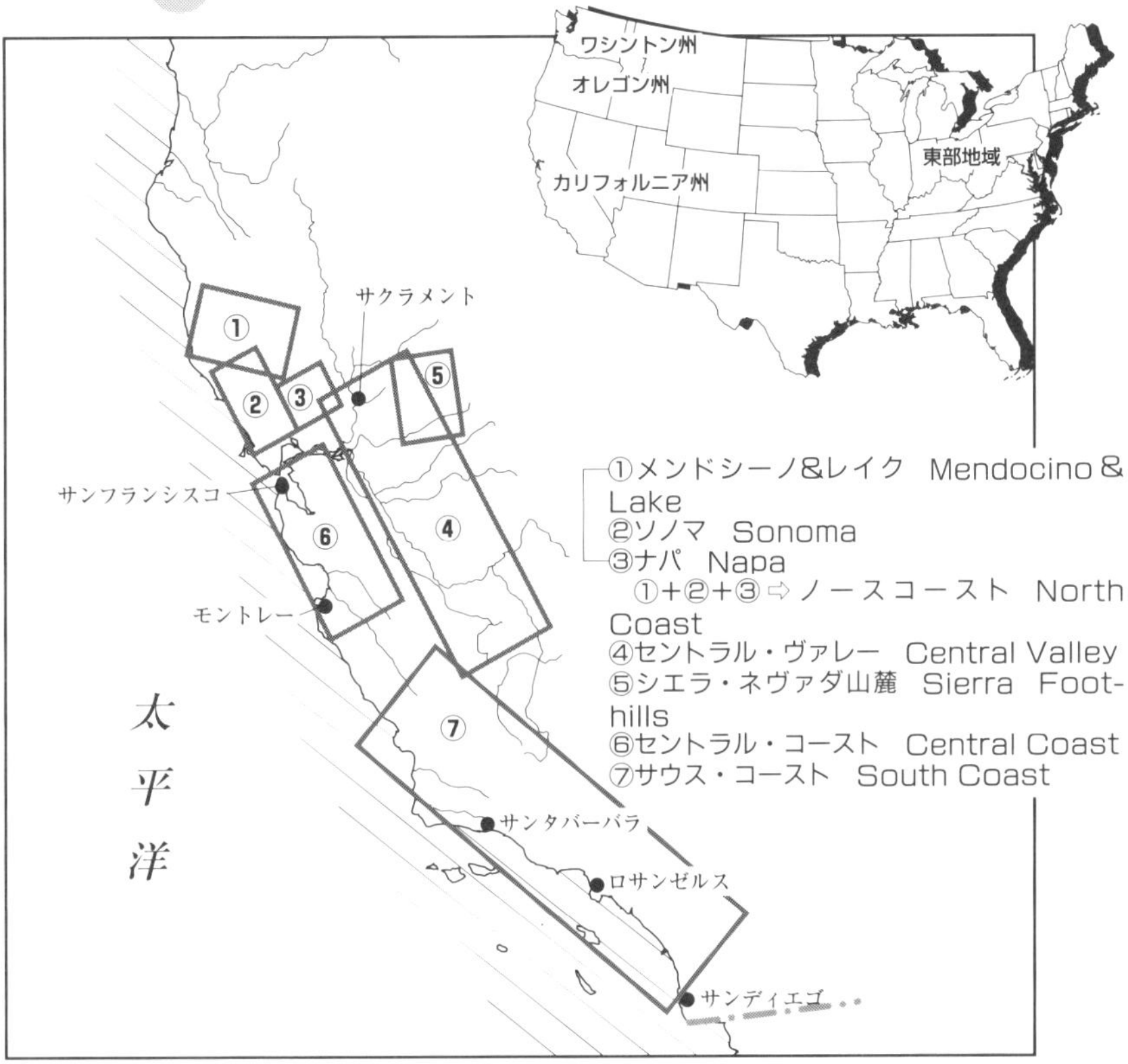

ナパをはじめノースコーストでは、ヨーロッパ系の葡萄を使った高級ワインが造られている。

key word 78　チリ

# 「安い」「うまい」――恵まれた気候と土壌で葡萄がよく育つ

いま世界のワイン関係者やワイン愛好家にもっとも注目されている生産国の一つがチリだろう。日本でも「安くてうまい」ワインとして、ここ数年で一気に知名度と人気が高まった。平成八年のチリワインの輸入量は、前年比五〇〇%増だというから、その人気のすごさがわかる。

チリのワイン造りは、十六世紀のスペイン領時代から始まり、十九世紀にはヨーロッパ産の葡萄の苗が大量に持ち込まれた。

この国は気候や土壌などの葡萄栽培の条件をすべて備えており、〝がんばらないと出来の悪いワインは造れない〟というぐらい、ワイン造りに適している。これに加えて、世界的なフィロキセラ（害虫）禍のさい、災害を免れたのはチリだけだったため、栽培家や醸造家が、ヨーロッパから移住し、ヨーロッパ伝統の技術をもたらした。

しかも近年、ヨーロッパの醸造元が続々とチリに進出し、最高級ワインが造られ始めている。以前は、白ワイン用品種の栽培には不向きといわれたが、現在では研究が進んで優秀な白ワインも造られている。ワイン好きには、しばらく目の離せない国である。

回っているからね


## ワイン造りはボーダーレスの時代に

ヨーロッパのワイン業者のチリ進出は、1988年、ヨーロッパの財閥で、フランス・ボルドー地方のシャトー・ムートン・ロートシルトを所有するロスチャイルド家が、ワインビジネスを開始したのが始まりだ。その後、フランスやスペインなども進出し始めている。

チリにかぎらず、各国の著名醸造家たちは、新天地を求めて移動していく傾向にある。ワイン造りは、いまやボーダーレス化しつつある。高い技術力がもたらされた土地で、どんなワインが出てくるか……楽しみな時代になってきた。

## チリのおもなワイン産地

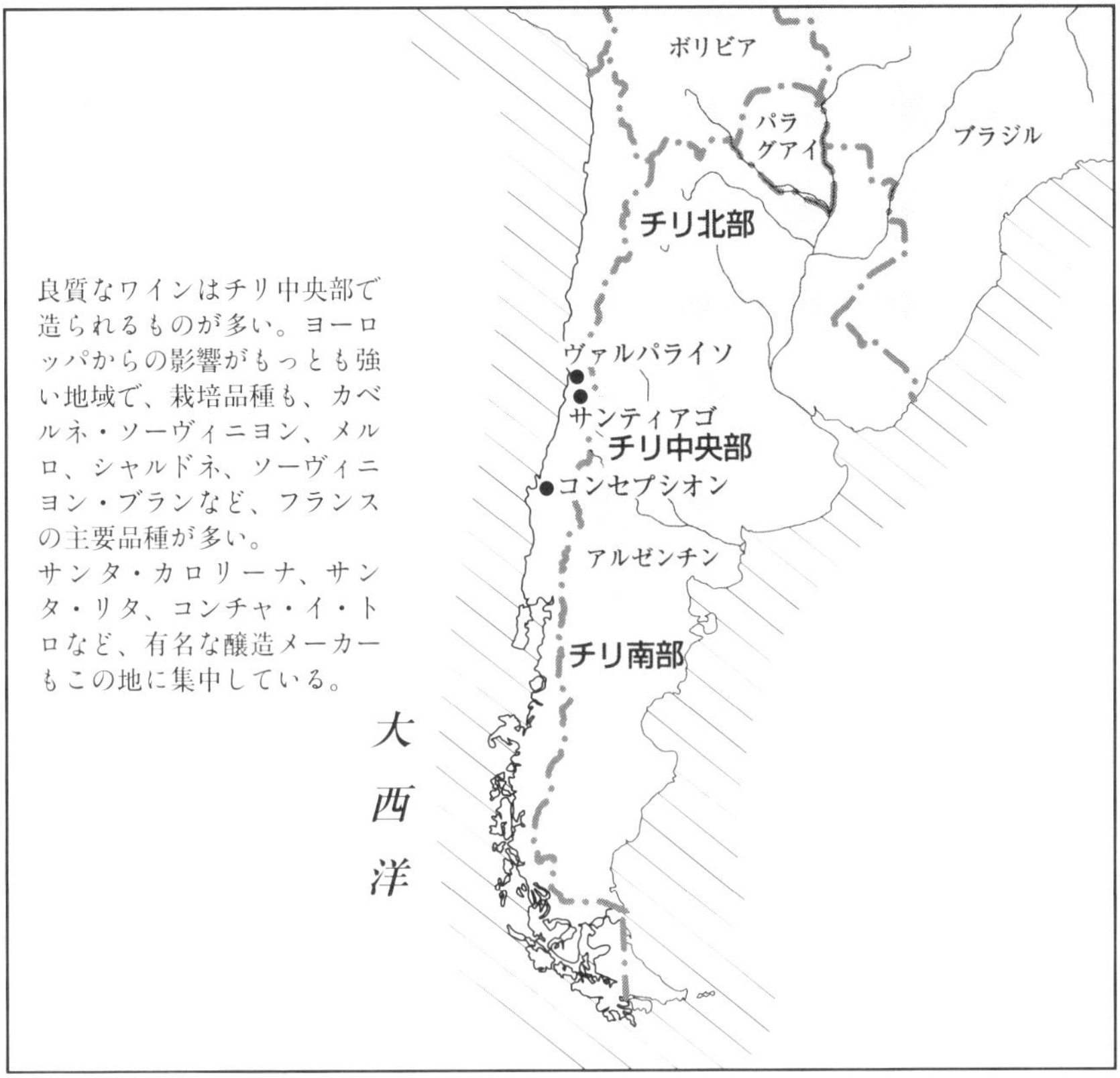

ボリビア
パラグアイ
ブラジル
チリ北部
ヴァルパライソ
サンティアゴ
チリ中央部
コンセプシオン
アルゼンチン
チリ南部
大西洋
良質なワインはチリ中央部で造られるものが多い。ヨーロッパからの影響がもっとも強い地域で、栽培品種も、カベルネ・ソーヴィニヨン、メルロ、シャルドネ、ソーヴィニヨン・ブランなど、フランスの主要品種が多い。
サンタ・カロリーナ、サンタ・リタ、コンチャ・イ・トロなど、有名な醸造メーカーもこの地に集中している。

最近 チリワインの人気が高いですが品質はどうですか？

ヨーロッパの葡萄の木は、害虫に強いアメリカ系の品種に接《つ》ぎ木して育てられたもの。純粋なヨーロッパ系の葡萄は南米にしかない。

はい 値段の割にはすばらしいものがたくさんあります
チリ・アルゼンチンは唯一 ヨーロッパ種の葡萄《ぶどう》の木が残ってますから

key word 79 **オーストラリア**

# これからが伸び盛り、健闘するワイン新興国

オーストラリアでのワイン造りの歴史は、まだ二〇〇年ほどしかない。一七八八年に、ケープタウンとリオデジャネイロから葡萄の木が持ち込まれて、栽培とワイン造りが始まった。その後、ヨーロッパの品種が続々と入ってきて、十九世紀にはイギリスに輸出されるほど、ワイン産業が成長してきた。ただその当時オーストラリアで造られていたのは、甘口のデザートワインが主流だった。

オーストラリアのワイン造りに変化がみられるようになったのは、二十世紀中頃以降である。技術革新やワインブームなどもあり、急速に良質ワインの生産が増えてきた。

さらに昨今は、高級ワインだけを造る小さなワイナリーも多くなり、ワイナリーの数が急速に増えて、今は九〇〇を越えている。地方色にこだわり、土壌に以前より気を配っている造り手が多くなったし、質の高いスパークリング・ワインの開発にも成功している。

テーブルワイン造りを卒業したオーストラリアは今、新しい時代に入ろうとしている。

品種の特徴が
わかれば
選びやすいね

## アメリカゆずりのわかりやすいラベル

オーストラリアワインの分類は、アメリカにならって3つに大別されている。ヴァラエタル・ワイン（ラベルに表示した品種を85%以上使用）と、ジェネリック・ワイン（有名どころにあやかった「〇〇風」ワイン）、そしてヴァラエタル・ワイン用の品種を何種かブレンドして造られたヴァラエタル・ブレンドワインである。

ヴァラエタル・ブレンドワインも、使用した割合の多い順に品種名を記載することになっていて、わかりやすい。英語で表記されていることもあって、とっつきやすいラベルだ。

## オーストラリアのおもなワイン産地

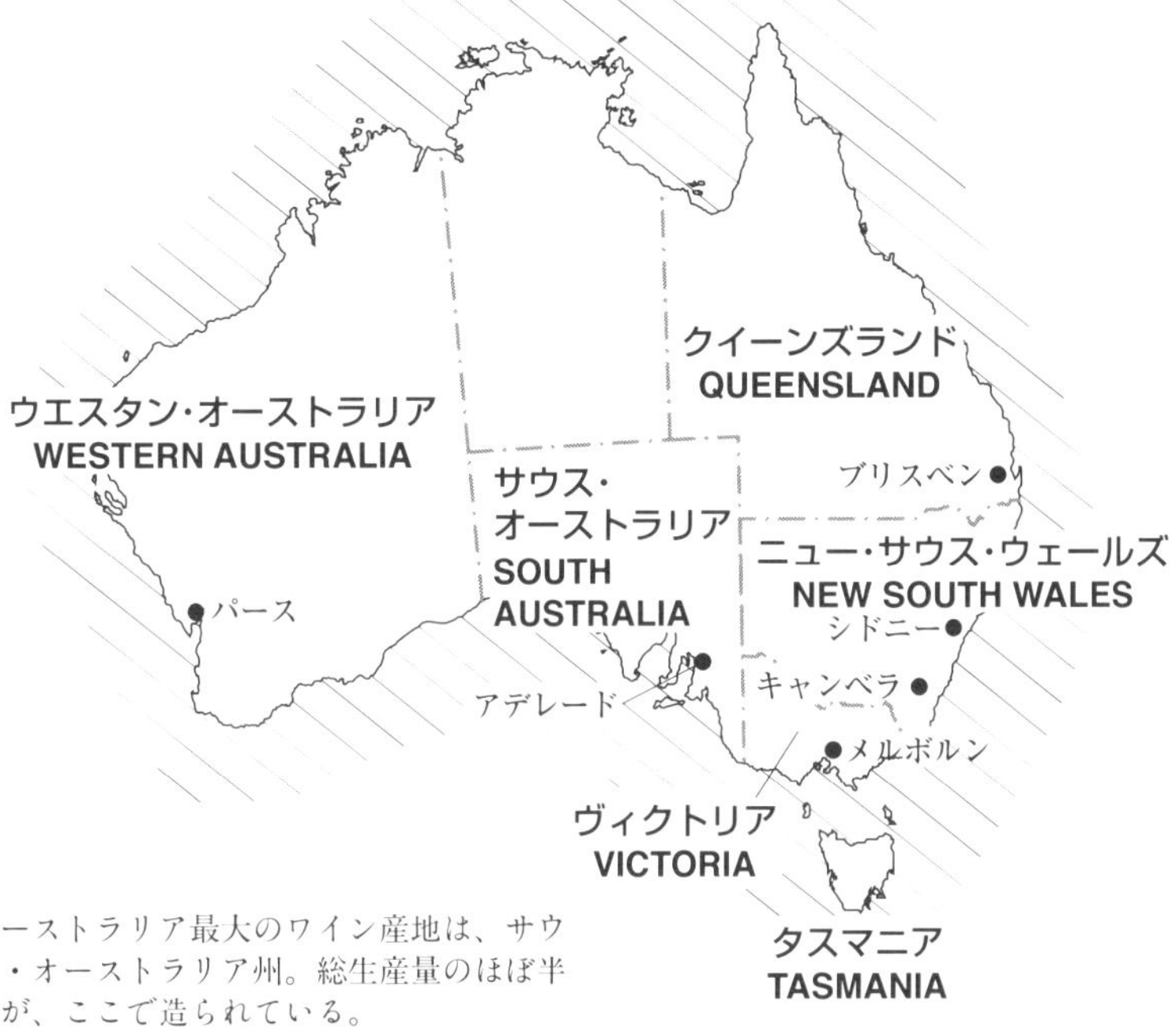


オーストラリア最大のワイン産地は、サウス・オーストラリア州。総生産量のほぼ半分が、ここで造られている。
オーストラリアの代表的な醸造メーカーには、ペンフォールズ社、リンデマンズ社などがある。

本場の味とどう違うか、飲み比べてみるのもおもしろい。

# 「没個性が個性」の国産品、醸造技術はトップレベル

わが国も、歴史は浅いがりっぱなワイン生産国の一つだ。山梨や長野、北海道、山形などでワイン造りが行われている。

国内産の葡萄は、風味がいま一つ物足りないということもあって、それぞれのワインによる主張が薄く、どうしても〝没個性が個性〟という感じがしてしまう……といわれてきた。

そこで、最近ではヨーロッパ系の葡萄栽培に挑戦しているところも増えてきている。しかし、栽培土壌の違いのせいか、たとえばカベルネ・ソーヴィニヨンを使って造られる赤ワインも、ヨーロッパならタンニンが多くどっしりしたワインになるが、日本のワインは仕上がりがソフトになりがちだ。

というわけで、まだまだ課題の多い日本だが、じつは醸造技術に関しては世界のトップレベルに入る。その技術を存分にいかし、国際的に高く評価される優秀なワインが造られてきている。ブームのおかげでワインの味にうるさい人も増えたし、今後の国産ワインの成長におおいに期待したいところだ。

ワイン文化が
根付けば
きっと日本も…

## 「ワイン法」のない国

日本でワイン造りが始まったのは、明治以降のこと。まだそれほどの歴史はない。だから、伝統あるワイン産国には用意されているワイン法も日本にはない。わずかに酒税法で果実酒として区分されているだけだ。

1988年に「国産果実酒の表示に関する基準」ができたが、これは業者内での自主基準にすぎない。

しかし、「飲む」という面では、日本ほど世界のさまざまなワインが入手でき、楽しめる国もそうはない。

## 日本のおもなワイン産地

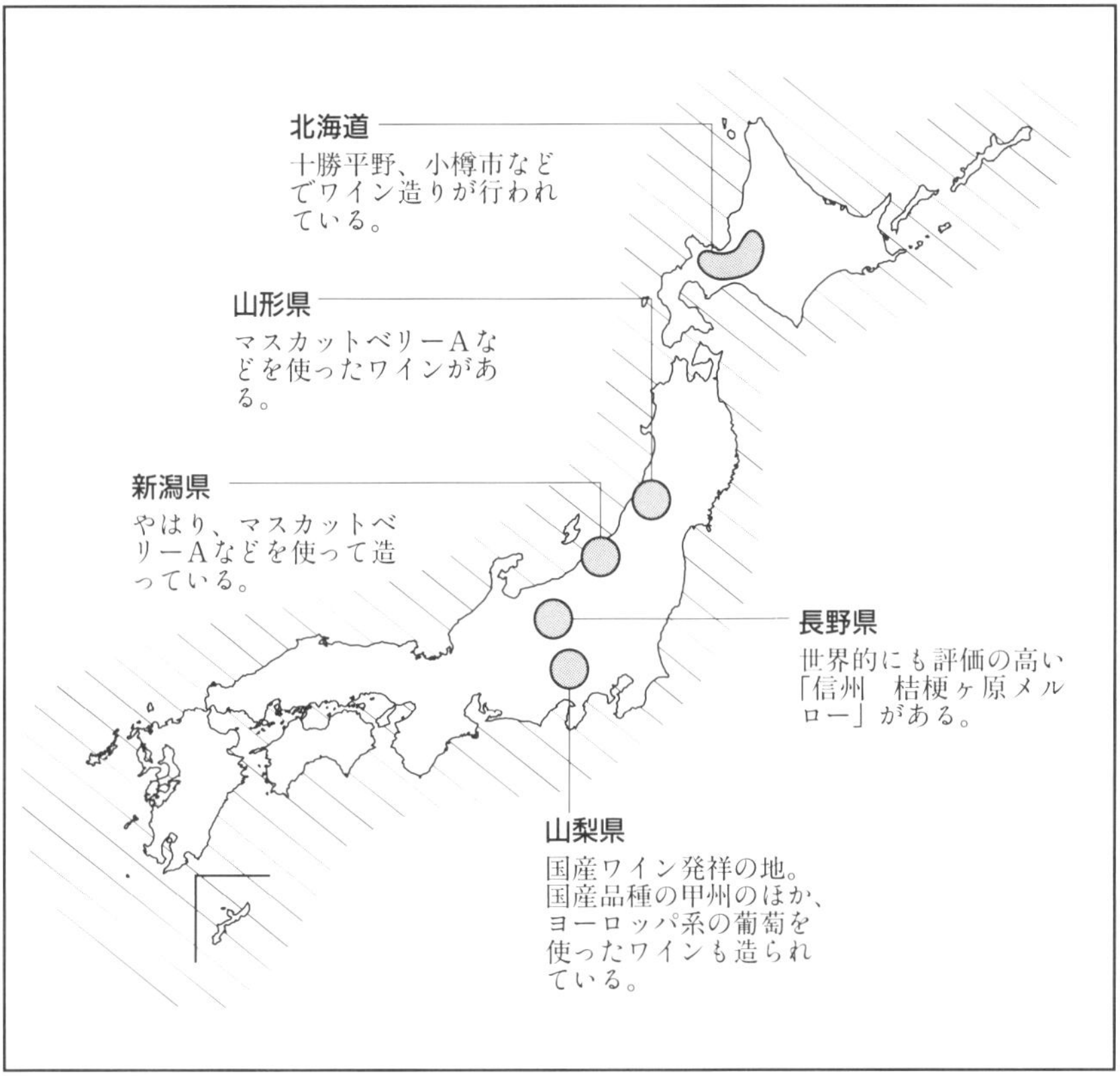
北海道
十勝平野、小樽市などでワイン造りが行われている。
山形県
マスカットベリーAなどを使ったワインがある。
新潟県
やはり、マスカットベリーAなどを使って造っている。
長野県
世界的にも評価の高い「信州　桔梗ヶ原メルロー」がある。
山梨県
国産ワイン発祥の地。国産品種の甲州のほか、ヨーロッパ系の葡萄を使ったワインも造られている。

場
日本のワイン造りも期待できそうだね

そのとおり！
「桔梗ヶ原メルロー」「城の平」、「登美」などが有名ね

桔梗ヶ原メルローは、メルロ種主体（メルシャン）。城の平（メルシャン）と登美（サントリー）は、カベルネ・ソーヴィニヨンを主体に造られている。

# まだまだ続くワインの旅、駆け足で世界一周

これまで、日本でよく飲まれているワイン生産国を取り上げてきたが、世界にはまだまだ、ワイン造りに励んでいる国がある。世界のワインたちをざっと紹介していくことにしよう。

**地中海を行く**

●ギリシャ

世界でもっとも古くから、ワイン造りが始まった国の一つ。生産されるワインのほとんどがマスカットワインで、とくにサモス島のものが有名だ。

一般に香りが強く、白ワインとロゼワインの半数は、松ヤニで香りづけされたレッチーナと呼ばれるものである。

●キプロス

シェリータイプの酒精強化ワインがほとんどだったが、以前より生産の割合は低くなっている。しかし、古来から造られているねっとりと甘いコマンダリアはいまだこの国の逸品とされる。

近年はスティル・ワインの生産が増えているが、多くは輸出用だ。

## トルコから東欧へ

### ●トルコ

葡萄栽培では世界有数の国だが、宗教上飲酒が禁じられているだけに、残念ながらほとんどは干し葡萄と生食用。とはいえ、一九七〇年以降は輸出用としてワイン生産量が増えているそうだ。

イスタンブールの周辺で、おもに白ワインが造られている。軽いタイプの赤ワインも、少量ながら生産されている。

### ●ブルガリア

これまた、世界最古のワイン産地の一つ。バルカン山地周辺で赤ワインが、黒海周辺で白ワインが生産されている。

ミスケットという品種名をつけた白ワイン、こくのあるギャムザという赤ワインが有名。

生産量は年による変動が大きいが、東ヨーロッパ一のワイン生産国だ。一九四七年には、「ブルガリア酒類取扱公団」という国営企業が設立されている。

### ●ルーマニア

全国的に生産されているが、地方による気候条件の差が大きいので、各地でさまざまな品種が栽培され、多種のワインが造られている。リースリングやメルロなど、おなじみの品種で造られるワインもある。

近年フランス・ボージョレを中心に行われているマセラシオン・カルボニック法を採用して、ボージョレ風のフレッシュな早飲みタイプの赤ワイン造りが行われるようになっている。

●ハンガリー

歴史的に古いワイン生産地で、第二次世界大戦後に国家的な葡萄栽培計画が立てられたことから、国の重要な産業に成長している。

産地の代表は、ブタペスト北東のトカイ。世界三大貴腐ワインの一つトカイ・アスー・エッセンシア、貴腐ではないが甘口のトカイ・アスーなどが造られている。

●旧ユーゴスラビア

ボスニアの高地を除き、ほぼ全域でワインを産する。旧ユーゴ時代は、そのほとんどが巨大な共同醸造所で造られ、生産量も輸出量も安定していた。

複雑な政治情勢のなか、独立国家のワイン事情は混迷しているが、スロヴェニアでは、リースリング、カベルネ、ピノ・ブランなどのワインを他国に先駆けて輸出している。

●旧チェコスロバキア

一九九三年に分離独立したチェコ共和国もスロバキア共和国も、おもに白ワインを生産している。高級ワインも造られており、ラベルにはブ

鮮やかな黄金色の
トカイワインには
本当に金が溶け込んで
いるのではないか…
18世紀の女帝
マリア・テレジアは
そう信じ込んで
分析させたことも
あるそうだ

レンドものか単一品種のものかが表示されている。輸出はあまり行われていないので日本では手に入りにくいが、値段のわりに良質という噂。

## 西ヨーロッパへ

### ●オーストリア

生産地は国の東部にかぎられ、白ワインが全体の約九〇％を占める。ドイツワインに近いが、ドイツより南で高度も高いことから、糖度が高めで酸が低めの葡萄ができ、ワインもドイツのものよりソフトタイプになる。

オーストリア独自の品種のワインも造られている。ワインの分類法はドイツと同じだが、収穫時の最低葡萄糖度はドイツの基準より高い。

### ●スイス

ほとんどがフランス国境に近い西側で生産されている。全体に軽いタイプの白ワインが多いが、ピノ・ノワールを使った軽いタイプの赤ワインも少量造られている。

おもな生産地は、ローヌ川流域のヴァレー、レマン湖周辺のヴォー、ドイツ国境沿いのヌーシャテルなど。

### ●イギリス

フランスワインの輸入が昔から行われていたイギリス。飲むのが専門

の国という印象もあるが、自国でもワインを造っている。おもにドイツ生まれの交配種を使った白ワインが多い。

近年は優秀な赤ワインも増え、本場シャンパンの味に近づいたといわれるスパークリング・ワインも造られ、注目されている。

## アメリカ大陸にわたる

### ●カナダ

アメリカ国境に近いオンタリオ、ブリティッシュ・コロンビアなどの州で、おもに地元で消費するデザートワインを造ってきた。しかし二十世紀半ばから、ヨーロッパ系の品種を導入し、良質ワインが生産されるようになってきている。

ちなみにこの国では、ワイン造りキットを使って、家庭で盛んにワイン造りが行われているとか。

### ●中南米

チリの躍進もあり、世界的に注目される地域。

アルゼンチンでは、国内消費向けのワインを造ってきたが、とくにチリ国境に近いメンドーサ地区で輸出向けの優良ワインの生産が盛んになっている。フランスでは高級ワイン向けとされていないマルベック種を使った、熟成タイプの赤ワインが脚光を浴びるなど、ニューワールドの

ワインとして人気上昇中だ。

ブラジル、ペルー、ウルグアイなどでも、外国資本の導入などにより、輸出向け高級ワインの生産が盛んになっている。

## 太平洋を横断しよう

●ニュージーランド
日本に初めて紹介されたのはキウイフルーツから造られるワインであり、ワイン生産地としてはあまり注目されていなかったが、オーストラリアからの技術導入などもあり、ここ一〇年ほどで急成長。

とくに白ワインの品質は、世界的に評価が高まっている。北島は、シャルドネの新しいワイン産地として注目され、南島では赤ワイン用のピノ・ノワールの栽培が始まっている。

## ユーラシア大陸のワイン事情

●中国
二十世紀初頭から、山東半島でワイン造りが始まった。その後生産地区が広がり、土着品種である龍眼を使って、おもに白ワインが造られている。

最近では、ヨーロッパ品種を使って辛口のワインも生産されている。

●旧ソ連

旧ソ連から独立した一六の共和国を合わせると、世界有数のワイン生産量になる。

ロシア連邦では甘口の発泡性ワインなど、モルドヴァ共和国では地域によって赤ワイン、白ワイン、酒精強化ワインなどが造られている。ウクライナでは上質のデザートワインや酒精強化ワイン、グルジアではタンニンの強い赤ワインを生産している。

いずれの国も、全般に甘口が好まれている。

●中東

紀元前数千年も前からワイン造りが行われていたと考えられるイスラエルは、十九世紀にフランスのロートシルト家によってワイン造りが再興され、ユダヤ教にかなった清浄なワイン造りが行われてきた。

近年はヨーロッパ品種が導入され、品質が著しく向上している。とくにレバノンでは、小規模なワイナリーで力強い上質なワインが生産されている。

## アフリカ大陸はどうなっている?

●北アフリカ

フランス領が多かったため、かつて大量にワインを生産していたが、

世界各地にワインがあるんだね…
なんだかいい気持ちになってきちゃった

独立後は生産量が減っている。

　国営の醸造所をもつモロッコでは、すっきりとした現代的なワインを造っており、北アフリカ最良の赤ワインといわれている。チュニジアはロゼワインが中心だが、赤ワインも少量ながら生産されている。ナイジエリアも赤ワインを生産している。

●南アフリカ

　イギリスの植民地時代以来、ワイン生産三〇〇年の歴史をもつこの国は、国内消費こそ少ないが、生産量では世界十指に入る。

　赤ワイン用の品種はおもにカベルネ・ソーヴィニヨンと、南アフリカ独自の交配種であるピノタージュ、白ワイン用はほとんどがシュナン・ブランである。生産の中心は、ケープタウンに近い沿岸部で、内陸部に行くにしたがって、デザートワインの生産割合が高くなっている。


　……とまあ、駆け足の世界一周旅行だが、地球にまたがるワインベルトに沿って見てきた。飲む機会は少ないかもしれないが、いつか、どこかで出会うかもしれない。チャンスがあれば迷わず試したい。

# おわりに

ぼくは、ワインはいまやブームではない、と思っている。レストランに行けば各国のワインが取りそろえられ、街にはワインに力を入れている酒店も増えてきた。どうやらこの日本でも、ワインはたんなるブームを超えた存在として、深く根づきはじめたといえるのではないか。

そんな状況に目をつけて、ぼくは自分の作品のなかでも、ワインがらみのストーリーを展開してきた（『部長　島耕作』講談社刊）。ぼくがワインに親しみはじめて三十数年。主人公、島耕作をワイン業界に置いたのは、ぼく自身の趣味と実益を考えて、というだけではない。大仰《おおぎょう》に聞こえるかもしれないが、「消費マインドの落ち込んでいる現代の日本のなかにあって、ワインを日本経済を引っ張り上げていく尖兵《せんぺい》にしたい」という思いも、ぼくにはあったのだ。

作品を仕上げるにあたって、ワインの本場、フランスへの取材旅行、イギリスへ飛びオークションを取材、プロのアドバイス、資料の読み込みなど、ぼくなりに「ワインの勉強」を積み重ねてきた。

もちろん、「実践」も必要だ。「これも仕事のため」と言い訳しながら、気になるワインはケース（六または一二本単位）ごと買い込み、二日に一本のペースでボトルを空けてきた。島がワイン業界から離れた今、ペースダウンしてもよさそうなものだが、ぼくは今も、こまめにオークションに参加し、律義にグラスを傾けつづけている。

なぜ、ワインから離れられないのか？　それは、きっとぼくが「ワインの楽しみ方」を知ってしまったからだ。本書では、そんなぼくが、ワインを楽しむうえで押さえておきたいと考えるポイント、知識を紹介していったつもりだ。

正直なところ、ワイングラスに入れられたワインを一口、含んだだけで「産地はどこで、品種はこれ、銘柄は○○で、○○年もののワイン…」と語れるような舌を、ぼくは持ちあわせていない。でも、「これはおいしい」「これはぼくの好みだ」という素朴な感動は、日々味わっている。この感動こそ、ワインの楽しみの本質ではないかと思う。

それなら、ややこしそうな知識は必要ない、と思うかもしれないが、その楽しみにいたるまでには、やはり（ちょっとは）知識が必要なのだ。目の前に膨大《ぼうだい》な数のワインがある。そのなかから、「好みのワイン」を見つけるには、産地や、原料になる葡萄の種類など、ある程度の知識がいる。

また、「うまい」にもいろいろな幅があるはずだ。うまさを貪欲《どんよく》に味わおうとするなら、ワインをとりまく歴史や文化に対する認識も、欠くことのできないスパイスといえる。同じワインでも、グラスのなかにこめられた自然と人間の力を知ることで、さらに味わいは深まるように思う。

本書でピックアップしたキーワードは、うまいワインにたどりつき、うまさを存分に味わうヒントになると思う。番号順に読んでいく必要はまったくない。気になるキーワードを見つけたら、拾い読みしてくれればいい。ぼく自身、グラスを傾けながら資料を読む……というのがいつものスタイル。つまみの一つにしてくれればいい。

本書が感動できるワインと出会えるきっかけに、またワインの楽しみを深める一助になれば、いや、かならずなるものと思っている。

弘兼憲史

二〇〇〇年　十二月

◎取材協力◎
小川　洋（御茶ノ水　小川軒　代表取締役）

◎参考文献◎
「カクテルの事典」澤井慶明 監修　永田奈奈恵 カクテル指導（成美堂出版）
「基礎ワイン教本」THE WINE AND SPIRIT EDUCATION TRUST 編　ミヨコ・スティーブンソン 訳（柴田書店）
「2000ソムリエ・ワインアドバイザー・ワインエキスパート教本」社団法人 日本ソムリエ協会 発行（発売 飛鳥出版）
「チーズ　ポケットブック」（旭屋出版）
「田崎真也のワインライフ」2000, no.11（日本経済新聞社）
「とびきり愉快なワインの話」さらだたまこ 文　あやせ理子 画（学陽書房）
「はじめてのワイン」原子嘉継 監修（西東社）
「BRUTUS WORLD WINE BOOK II」（マガジンハウス）
「マイケル・ブロードベントの世界ワイン・ヴィンテージ案内」マイケル・ブロードベント 著　山本博 訳（柴田書店）
「マイケル・ブロードベントのワインテースティング」マイケル・ブロードベント 著　西岡信子 訳（柴田書店）
「ポケット・ワイン・ブック　第3版」ヒュー・ジョンソン 著　辻静雄料理教育研究所 訳（早川書房）
「ボルドー　第3版」ロバート・M・パーカーJr. 著　アーネスト・シンガー 日本語版監修（講談社）
「もっとワインが好きになる」花崎一夫 監修・執筆（小学館）
「ワインがわかる」マット・クレイマー 著　塚原正章・阿倍秀司 訳（白水社）
「ワインの基礎知識」アカデミー・デュ・ヴァン 監修　田中清高・奥山久美子・梅田悦生 著（時事通信社）
「ワインの事典」種本祐子 監修（成美堂出版）
「ワインの実践講座」田中清高・永尾敬子・渡辺照夫 著（時事通信社）
「ワインを楽しむためのミニコラム101」アンドリュー・ジェフォード 著　中川美和子 訳（TBSブリタニカ）

（50音順）

## た行



## な行



## は行



## ま行



## ら行

## ◉ワイン名索引◉

本書に登場するワイン（50音順）

**弘兼憲史**（ひろかね　けんし）

1947年山口県生まれ。早稲田大学法学部卒。松下電器産業販売助成部に勤務。退社後、1976年漫画家デビュー。以後、人間や社会を鋭く描く作品で、多くのファンを魅了し続けている。小学館漫画賞、講談社漫画賞の両賞を受賞。家庭では二児の父、奥様は同業の柴門ふみさん。ワインをこよなく愛し、『部長 島耕作』ではワインの世界を描く。代表作に『課長 島耕作』『加治隆介の議』『ラストニュース』『黄昏流星群』他多数。


装丁　亀海昌次
装画　弘兼憲史
シンボルマーク　秋山孝
本文イラスト　『部長 島耕作』（講談社刊）より
押切哲也
本文デザイン　㈱ワイズマン
地図作成　㈱創伸
編集協力　佐藤道子
柳井亜紀
編集　福島広司　鈴木恵美（幻冬舎）


# 知識ゼロからのワイン入門


2000年12月20日　第1刷発行
2002年11月20日　第8刷発行

著　者　弘兼憲史
発行者　見城　徹

発行所　株式会社 幻冬舎
〒151-0051　東京都渋谷区千駄ヶ谷4-9-7
電話　03-5411-6211（編集）　03-5411-6222（営業）
振替　00120-8-767643
印刷・製本所　中央精版印刷株式会社

検印廃止




ISBN4-344-90005-7 C2077
Printed in Japan
幻冬舎ホームページアドレス　http://www.gentosha.co.jp/
この本に関するご意見・ご感想をメールでお寄せいただく場合は、comment@gentosha.co.jpまで。